Helga I. Jungo-Fallier
Katia Mann – Gefährtin eines grossen Dichters
Biografie
ISBN:978-3-8495-9411-4 (Paperback);
978-3-8495-9412-1 (Hardcover);
978-3-8495-9413-8 (e-Book)
© Helga Ida Jungo-Fallier
Verlag: tredition GmbH, Hamburg
Alle Rechte sind vorbehalten

Helga I. Jungo-Fallier, 1940 in Bielefeld, Nordrhein-Westfalen, geboren, wuchs mit zwei Schwestern und einem Bruder auf. Nach dem Gymnasium und der Handelsschule war sie als Sekretärin im väterlichen Ing.-Büro für Kunststofftechnik tätig; später in der Werbe- und Modebranche. 1968 zog es sie nach München. Dort arbeitete sie als Assistentin in der Flugzeugbranche, anschliessend im grössten Versicherungskonzern Europas.

Seit dem Jahr 1979 wohnt Helga I. Jungo-Fallier in Küsnacht am Zürichsee in der Schweiz. Von 1982 bis 1985 war sie am MRS-Institut für Frauenbildung und Frauenförderung, Zürich, tätig. Nebenberuflich belegte sie dort 6 Semester „Deutschsprachige Literatur vom Barock bis zur Gegenwart".

Seit den 80-er Jahren veröffentlicht Helga I. Jungo-Fallier Lyrik, Kurzprosa und Reflexionstexte in Zeitschriften, Zeitungen und Leserbriefen. Im Jahr 1988 gründete sie einen Literaturkreis, der sich neben den deutschsprachigen Schriftstellern vorwiegend dem Thema „Frausein" widmet; ausserdem beschäftigt sie sich intensiv mit bildender Kunst.

...denn gute Geschichten müssen vergangen sein, wie Thomas Mann im „Zauberberg" schreibt. Je vergangener, desto besser.

Diesen Text entnehme ich dem Vorwort zum Buch von

Alex Capus „Patriarchen – Zehn Portraits"

notiert in Paris, 21. Januar 2006

Katia Mann – Gefährtin eines grossen Dichters

Biografie

„*Wenn irgendein Nachleben mir, der Essenz meines Seins, meinem Werk beschieden ist, so wird sie mit mir leben. Solange Menschen meiner gedenken, wird ihrer gedacht sein. Die Nachwelt, hat sie ein gutes Wort für mich, ihr zugleich wird es gelten, zum Lohn ihrer Lebendigkeit, ihrer aktiven Treue, unendlichen Geduld und Tapferkeit.*" Diese Worte sprach Thomas Mann anlässlich des 70. Geburtstags seiner Frau Katia.

Was ist das für eine Frau, diese Katia Mann, geborene Pringsheim, geboren 1883, die über ein halbes Jahrhundert an der Seite Thomas Manns gelebt und gewirkt hat? Sie hielt alles nur denkbar Unangenehme von ihm fern, damit er sich ganz ohne Störungen seiner dichterischen Arbeit widmen konnte. T.M. war schon ein erfolgreicher, unabhängiger Schriftsteller, als er Katia Pringsheim begegnete. Allerdings wusste er damals nicht, dass er sie schon von irgendwoher kannte, und zwar von einem entzückenden Kinderbildnis, genannt „Kinderkarneval", des berühmten Münchner Hofporträtisten Fritz August Kaulbach aus dem Jahre 1889. Der 14jährige Thomas hatte dieses Pierrotbild in Lübeck aus einer illustrierten Zeitschrift herausgeschnitten, da es ihm so sehr gefallen hat, und mit Reissnägeln an seinem Pult befestigt. Er hat damals das kleine sechsjährige Mädchen am linken Ende der Reihe gern und oft betrachtet. Das Bildnis zeigte die fünf Kinder der Pringsheim, die anlässlich eines Kindermaskenballs als Pierrots und Pierrette verkleidet waren. Die Mädchen trugen weisse Kostüme mit schwarzen Pompons, die Buben mit Pluderhosen, Katia natürlich mit Röckchen. Im Band „meine ungeschriebenen Memoiren der Katia Mann" ist dieses Bildnis neben vielen anderen Porträts und Familienaufnahmen abgebildet. Beim mehrmaligen

Betrachten dieser Bilder bin ich immer wieder fasziniert von dem Zauber und der Ausstrahlung, die von diesem Gesicht ausgehen, sei es als junges Mädchen oder Frau. Sie selbst schildert es in ihren Memoiren so, dass „sie es gar nicht gewusst hätte, da ihre Mutter eine so berühmt schöne Frau gewesen sei. Und niemand aus ihrer Familie die Freundlichkeit gehabt hätte, es ihr zu sagen."

Im Palais des Geheimrates Prof. Pringsheim an der Arcisstrasse in München begegnete Thomas Mann dann staunend dem Original, und für ihn gab es nach dem lustigen Abenteuer nur eines: „Diese oder keine!" Er schrieb ihr im Sommer 1904 sehr schöne, leidenschaftliche Briefe, die sie natürlich sehr beeindruckten. Besonders bewegte Katia sein Brief, in dem er sie bat: *Seien Sie meine Bejahung, meine Vollendung, meine Erlöserin, meine – Frau:"* Im September desselben Jahres verlobten sie sich, am 11. Februar 1905 heirateten sie. Die Hochzeitsreise führte die beiden im Februar 1905 nach Zürich. Der Aufenthalt im Hotel „Baur au Lac" mit seinen uniformierten Liftboys war ganz nach dem Geschmack des Dichters. Ihr gefiel es weniger. Die Biografen Inge und Walter Jens führen es in ihrem Werk ‚Das Leben der Katharina Pringsheim' so aus: „Wenn bei Frau Thomas Mann keine Hochgefühle aufkamen, lag das aber kaum am Zürcher Winterschlaf. Problematischer gestaltete sich der eheliche Beischlaf – im Notizbuch des Schriftstellers finden sich Adressen von Ärzten, die auch in diskreteren Regionen Bescheid wussten." Neun Monate nach dem attraktionslosen Honeymoon kam Erika, das erste von sechs Kindern, zur Welt.

Katia war im blühenden Alter von 21 Jahren. Katias Vater, Professor der Mathematik an der Universität

München, war nicht gerade begeistert, dass sie einen Schriftsteller heiraten wollte. Er fand es als etwas „Unseriöses", lieber wäre ihm ein junger Gelehrter, noch besser ein Universitätsprofessor, gewesen. Während ihre Mutter gleich für eine Heirat mit Thomas Mann war. Hatte sie zudem bei einem Besuch im Buchladen Buchholz, als sie nach Büchern von T.M. fragte, erfahren: „Ja, der! Der wird mindestens so weit gehen wie Gottfried Keller. Das kann ich Ihnen sagen". Dieser Ausspruch war doch sehr ermutigend für ihre Eltern.

Auch ich habe über acht Jahre in München, im Stadtteil Schwabing, gelebt und kann sehr gut nachvollziehen, dass Thomas Mann sich in dieser bayrischen Landeshauptstadt sehr wohl gefühlt hat.

Katias Vater hatte eigentlich ganz andere Pläne mit ihr. Sie hatte nämlich als erstes Mädchen am

Wilhelms Gymnasium in München – zusammen mit ihrem Zwillingsbruder Klaus – das Abitur bestanden. Sie studierte Mathematik an der Universität, laut eigenen Aussagen vier oder sechs Semester. An der Universität hörte sie auch Vorlesungen über Experimentalphysik bei Wilhelm Conrad Röntgen.

Ausser ihrem Vater erwartete ihre Grossmutter mütterlicherseits, die bekannte Frauenrechtlerin, Hedwig Dohm, von ihrer begabten Enkelin, dass sie eine wissenschaftliche Laufbahn einschlagen würde. Sie war nicht gerade begeistert, als sie von der ehelichen Bindung hörte. Denn sie wusste, Katia lernte leicht, war intelligent und gehörte in der Schule zum oberen Durchschnitt. Ihre Grossmutter war für sie die erste Schriftstellerin, die sie gekannt hat. Hier sei angemerkt, dass Katia Mann in ihren Memoiren allerdings von „ihrem ersten Schriftsteller" spricht! Sie schrieb Romane wie „Der Frauen Natur und Recht" und war eine leidenschaftliche Vorkämpferin für Frauen, die damals leider noch nicht viele Rechte besassen. Wie dem Leser sicherlich bekannt sein wird, gab es damals nicht einmal Gymnasien für Mädchen. In die Fussstapfen Hedwig Dohms stieg Katia nicht ein. Dies übernahm später überraschenderweise Katias Tochter Elisabeth, die zuerst in Amerika mit ihrem Werk „Ascent of Woman", das 1965 in deutscher Sprache unter dem Titel „Aufstieg der Frau, Abstieg des Mannes?" erschien, grosses Aufsehen erregte. Einige Kapitel dieses Buches befassen sich mit der Revolution der Frauen und ihrem Aufstieg. Am Rande sei vermerkt, dass Hedwig Dohm sicherlich hellauf begeistert gewesen wäre, wenn sie gewusst hätte, dass ihre Urenkelin sich speziell für die Rechte der Frauen einsetzen würde.

Die Quintessenz dieses Buches war die Feststellung Elisabeth Manns:

„Alles Denken, Fühlen und Handeln ist auf das Wohl der Gemeinschaft gerichtet. Die Familie selbst bleibt bestehen und pflegt alles, was das Dasein schön und liebenswert macht". Klingt das nicht fast auch wie eine Liebeserklärung an ihre Mutter? Thomas Mann jedenfalls wusste, dass die Begegnung mit Katia für seine ganze Zukunft entscheidend war.

Hatte nicht Katia erst gezögert, monatelang, Widerstände gezeigt, weil sie nicht daran dachte, so früh zu heiraten. Sie sagte zu Thomas: *„wir kennen uns ja noch gar nicht genug"*. Gewiss war er ein liebenswerter, beharrlicher und seltsamer Freier, aber Katia wusste sehr wohl, wenn sie sich für ihn entschied, dass sie eine schwierige Aufgabe übernahm. Bisher hatte sich Thomas nicht viel um

Frauen gekümmert und sich fast nur der Kunst bedient! Elisabeth Mann berichtet, „als sie „Königliche Hoheit" zum ersten Mal gelesen habe, wusste sie genau, dass das Buch, als der Prinz um Imma wirbt, weitgehend übereinstimmt mit der Geschichte meiner Eltern – auf stilisierte Art". Was sagte er der Prinzessin doch in „Königliche Hoheit": „Das soll fortan unsere Sache sein: beides, Hoheit und Liebe – ein strenges Glück!"

Thomas Mann erwähnt in seinem ersten Lebensabriss ‚Im Spiegel': „Glanz umgibt mich. Nichts gleicht meinem Glücke. Ich bin vermählt, ich habe eine ausserordentlich schöne junge Frau – eine Prinzessin von einer Frau, wenn man mir glauben will, deren Vater königlicher Universitätsprofessor ist und die ihrerseits das Abiturientenexamen gemacht hat, ohne deshalb auf mich herabzusehen."

Das Verhältnis von Alfred Pringsheim zu seinem jungen Schwiegersohn war so kühl und gemessen, dass sie stets beim „Sie" blieben. Allerdings liess sich der Vater herbei, dem jungen Ehepaar über Jahre hin einen Zuschuss zu gewähren, der erst nach Ausbruch des Weltkriegs auf die Hälfte herabgemindert werden musste. An anderer Stelle sagt Thomas: „Ich komme mir oft recht stumpf vor. Meine Produktionsart macht starrsinnig und apathisch." Es ist überliefert, dass Thomas Mann kein Taschenbuch führte, sondern ein Notizbuch immer bei sich trug, um die Beobachtungen der alltäglichen Umwelt darin aufzunehmen. Es war bekannt geworden, dass er sein scharfes Auge sogar mit einem Opernglas bewaffnete, um den Eigentümlichkeiten solcher, die ihn besucht hatten, auf die Spur zu kommen, indem er ihrem Abgang aus seinem Fenster nachblickte. Als 1924 der ‚Zauberberg' vorlag, erkannte jedermann in

Mynheer Peeperkorn den physiognomischen Goethe-Imitator Gerhart Hauptmann wieder. Denn tatsächlich hatte Thomas Mann anlässlich eines gemeinsamen Hotelaufenthalts 1923 in Bozen genutzt, um die imposanten Mienen und Gesten Hauptmanns aus nächster Nähe zu studieren. – Vorwürfe, die sich auf den Realiengehalt seiner Dichtungen gründeten, sind Mann bis in sein hohes Alter nicht erspart geblieben.

Elke Lasker-Schüler hat Katia einmal eine „morgenländische Prinzessin" genannt. Als solche verwandelte sie sich rasch an der Seite Thomas Manns in eine tüchtige Gattin und Mutter. Sie brachte zwischen 1905 und 1910 vier Kinder und in den Jahren 1918 – 19 noch zwei weitere zur Welt. T.M. war darüber sehr stolz und glücklich. So schreibt er doch in seinem Lebensabriss von 1930: *„Mein Sinn für mathematische Klarheit stimmt der*

Anordnung zu, dass meine Kinder als drei reim- und reigenartig gesellte Paare – Mädchen, Knabe – Knabe, Mädchen – Mädchen, Knabe – erschienen und wandeln…" In der gleichen Anordnung möchte ich sie namentlich aufführen: Erika, Klaus – Golo, Monika – Elisabeth, Michael. Ihre Kinder beschäftigten sich vorwiegend mit Literatur. Besonders Erika, gelernte Schauspielerin, kümmerte sich sehr engagiert um die Büchermanuskripte und Vorträge ihres Vaters.

Ihre Spezialität war das Korrigieren bzw. Verkürzen der meist viel zu lang geratenen Vorträge ihres Vaters T.M. Die Brüder Klaus und Golo waren grösstenteils schriftstellerisch tätig. Während die Töchter Monika, Elisabeth und Sohn Michael in jungen Jahren sich mehr der Musik hingezogen fühlten. T.M. nannte diese Sechs einmal: *„Es ist ein* *wunderlicher und beobachtungswerter Variationen-Reigen."*

Walter A. Berendsohn erzählt in seinem Werk ‚Thomas Mann und die Seinen': Als Frau Katia zum ersten Mal ein Kind unter ihrem Herzen trug, wurde ihr Mann gefragt, was er sich wünsche, einen Sohn oder eine Tochter. „Natürlich einen Sohn", war die rasche Antwort. Später aber war sein Verhältnis zu den drei Töchtern weit inniger als zu den drei Söhnen, sagt Katia. Alle Kinder standen als Schriftsteller im Schatten ihres weltberühmten Vaters. Am schwersten hat der Begabteste unter ihnen, Klaus, darunter gelitten. Man ist seiner literarischen Leistung zeitlebens nicht gerecht geworden. Thomas Mann ist stolz auf seine Kinder. Er meint, dass sein Grundthema in ihnen variiert ist. Berendsohn führt weiter aus: „Dass Katia auch viel zu ihren Anlagen beigetragen hätte und darüber hinaus die Vorfahren beiderseits; nur sind diese Einflüsse nicht so greifbar wie die des Vaters." Bei Erika und Klaus kam es in den Flegeljahren zu einem heftigen Aufstand gegen die bürgerlichen kulturellen Überlieferungen des elterlichen Heims, zu Streichen, die dem Vater und der Mutter ernstlich Sorgen bereiteten. Deshalb sandten sie ihre vier älteren Kinder in zwei Landerziehungsheime, um sie ihrem Umgang und den Einflüssen der Stadt München zu entziehen.

Klaus und Erika hatten eine unlösliche Verbundenheit zueinander. Über das Verhältnis der anderen Geschwister zueinander ist bisher kaum etwas in die Öffentlichkeit gedrungen. Das elterliche Heim, das ja seinen Standort in der langen Zeit ausserhalb Deutschlands mehrfach wechselte, war der ruhende Punkt in allen Wirren und Wanderungen, wo sich, vor allem zum

Weihnachtsfest und zu den Geburtstagen der Eltern, die Kinder und später auch die Enkelkinder immer wieder versammelten. Es war auch der sichere Zufluchtsort, zu dem sie heimkehrten, wenn sie in Not waren. So hat sich z.B. Monika, als sie 1940 Schiffbruch erlitt, den Tod ihres Mannes erlebte und über 20 Stunden im Wasser trieb, einige Jahre lang bei ihren Eltern erholt. Es gab auch Vorlesungs- und Musikabende für einen Kreis geladener Gäste. Zeitweilig war das Haus Mittelpunkt der Hilfsaktionen für Flüchtlinge aus dem sich erweiternden Dritten Reich. Es war wahrhaftig kein leichter Haushalt, den Katia leitete.

Behrendsohn führt in seiner literarischen Betrachtung über Katia weiter aus: *„Man darf auch nicht übersehen und übergehen, dass Thomas Mann oft erkrankte, wenn man die Chronik seines Lebens aufmerksam liest. Die hohe Begabung aller* *grossen Künstler ist immer zugleich eine schwere Belastung. Ihre Seele ist aufwühlbar und voll Mitgefühl, ihr Geist überwach, erregbar und schöpferisch, ihre Nerven überempfindlich und gesteigert empfänglich, ihr Gedächtnis schmerzhaft stark".* Thomas nennt es „Leiden und Grösse der Meister".

Thomas und Katia reisen regelmässig mindestens zweimal im Jahr zur Erholung in Gegenden, die ihnen lieb und vertraut werden, und wohnen dann in behaglichen Hotels. Aber der Schriftsteller sagt selbst, dass er sich Erholung ohne ‚Beschäftigung' gar nicht denken kann, und arbeitet wie daheim in den Vormittagsstunden. Auch während einer Krankheit, selbst wenn er im Bett liegen muss, gibt er nicht nach, lässt sein Gehirn nicht ruhen, sondern liest viel, setzt oft irgendeine Arbeit fort. Obwohl er sich elend fühlt, tritt er eine Vortragsreise an und verspricht sich vom

Luftwechsel, dem anregenden Verkehr und selbst vom öffentlichen Auftreten, das er im Grunde liebt, eine Besserung seines Zustandes. Besonders die Magen- und Darmbeschwerden sind zweifellos auf diese rastlose Wirksamkeit zurückzuführen. Besonders in den letzten Jahren seines Lebens klagte der Dichter oft über Mattigkeit und quälende Arbeitsunlust. Es ist offenbar, dass diese Krankheiten die Bürden und Sorgen Katias bedeutend vermehrten.

In seiner Rede zu Katias 70. Geburtstag heisst es u. a.: „Wenn dann die Schatten sich senken und all das Verfehlte und Ungetane mich ängstet, dann gebe der Himmel, dass sie bei mir sitzt, Hand in Hand mit mir, und mich tröstet, wie sie mich hundertmal getröstet und aufgerichtet hat in Lebens- und Arbeitskrisen...". Katia hat also einen wesentlichen Anteil auch am Gelingen seines

Werkes genommen. Thomas Mann hat seiner Frau Katia nicht nur in dieser und jener Dichtung ein bleibendes Denkmal gesetzt, sein ganzes Werk wäre nicht geworden was es ist, ohne sie und ihre Liebe zu ihm. Aber alle Mühsal dieser Frau hat sich reichlich gelohnt.

Thomas Mann mit seiner weltweiten Wirkung und seinen sechs Kindern ist der geistige Mittelpunkt der literarischen Familiengruppe. Aber Katia hat sehr viel zum geistigen Zusammenhang des Kreises beigetragen. Sie hat in ihrem langen Leben unzählige Briefe geschrieben und empfangen. Elisabeth Mann Borgese hat alle ihre Briefe aufbewahrt. Aber auch Katia war eine fesselnde Briefschreiberin. Auch die Verleger der Mannschen Werke besitzen zahlreiche Briefe von ihr. Es scheint deshalb wünschenswert und lohnend, dass künftig einmal alle erreichbaren Briefe gesammelt werden.

Berendsohn hat Katia am 24. Mai 1971 in Kilchberg besucht. Am 21. April 1972 hat er Katia mit ihrer Tochter Elisabeth zu einem Forellenessen in ein Zürcher Hotel eingeladen. Er führt aus: „Sie ist immer noch von ungewöhnlicher geistiger Frische und Regsamkeit."

Die vier älteren Kinder haben keine Nachkommenschaft in die Welt gesetzt, nur die beiden jüngsten. Die beiden Töchter Elisabeths haben Naturwissenschaften studiert. Das kann man als eine Vergrösserung des Wirkungsgebiets der Familie bezeichnen.

Erika Mann lebte mit ihren Eltern in Kilchberg. 1960 glitt sie im Badezimmer aus und zog sich einen Oberschenkelhalsbruch zu, dessen Heilung sehr langwierig war.

Katia bekam gewiss viel mit ihrer Pflege und Versorgung zu tun. Im Februar 1969 erkrankte Erika an einem Gehirntumor. Die Operation schien zunächst erfolgreich, sie war bei Bewusstsein bis einige Tage vor ihrem Tode am 27. August 1969. Es war dies ein weiterer schwerer Schicksalsschlag für Katia, der sie hart traf.

In ‚Gruss an Katia Mann zu ihrem 70. Geburtstag' am 24. Juli schreibt Bruno Walter: *„Nun tritt auch Katia Mann ins biblische Alter ein; und an seiner Schwelle soll dieser Gruss aus weiter Ferne sie willkommen heissen:*

Der Wunsch, ihr bei diesem hochfestlichen Anlass endlich einmal ein Preislied zu singen, dessen Thematik mir natürlich seit langem im Herzen klingt, hat eine Fülle Erinnerungen in mir wachgerufen, die sich über vier Jahrzehnte freundlichster Verbundenheit zurückerstrecken.

Aus ihnen erstand mir ihre geistige Gestalt, zur Vollkommenheit gereift in einem Leben unablässiger, fruchtbarer Arbeit und opferfreudiger Hingabe. Als Gegenbild gesellte sich zu ihr das klar erinnerte, bezaubernde Jungmädchenporträt von der Hand Kaulbachs, das ich 1913 im Hause ihrer Eltern gesehen, und neben ihm tauchte das Bild der lebens- und geistsprühenden jungen Gattin Thomas Manns auf, der ich — etwa ein Jahr nach jenem Tamino-Eindruck — zum ersten Mal persönlich begegnete. Viele andere Bilder folgten, Erinnerung nach Erinnerung drängte sich hinzu, und diese erregende Fülle und Vielfalt von gemeinsam Erlebtem, wie von Ereignissen, die uns gefühlsmässig verbanden, wandelte Vergangenheit zur lebendigen Gegenwart.

Liegt es wohl an dem eigenartigen, bis heute nachwirkenden Zauber der Atmosphäre des damaligen München, in der die beiden Familien zehn Jahre als gute Freunde und getreue Nachbarn verbrachten, liegt es an dem Reiz des Ineinanderflutens von dichterischen und musikalischen Seelenströmungen, der von allem Anfang an unserem Verkehr seine besondere Beschwingtheit gab – aus den Erinnerungen an jene ferne, im tiefsten Sinne ferne Epoche tönt mir's wie die leisen Hörner, die in den Meistersingern Hans Sachsens „Fliedermonolog" einleiten –„ mir löst es weich die Glieder, will, dass ich was sagen soll".

Gerne folge ich dem Ruf und beginne mein „Sagen" damit, dass ich unsere Jubilarin als die eigentliche Protagonistin dieses inneren Schauspiels erkenne; aus seiner langen und wechselreichen Szenenfolge sind es ihr Wesen und Tun, die in ihrer hohen menschlichen Bedeutung beherrschend hervortreten, während sie selbst in ihrer Bescheidenheit vor der 'Welt' verborgen blieb.

Es ist selten, dass einer Persönlichkeit von so ausgesprochener Originalität jedes Geltungsbedürfnis mangelt. Doch in ihr verbindet eine Vielfalt geistiger Gaben und charakterlicher Kräfte sich mit der vollkommensten Selbstlosigkeit. Zeitlebens trat sie zurück hinter dem grossen Gatten, und so bin ich denn auch gar nicht sicher, ob die Hauptrolle, die der ganze Kreis der Wissenden und vor allem der Dichter selbst ihr rückblickend zuerkennen wird, ihr irgend gelegen kommt. Eingedenk der Einmaligkeit eines siebzigsten Geburtstages aber sei mir erlaubt zu tun, was sie selber um alles nicht täte: von ihr und ihrer Lebensleistung zu sprechen.

Versuchsweise, übrigens habe ich das schon einmal getan. In meiner Autobiographie „Thema und

Variationen" heisst es: Die zarte Verwundbarkeit dieser (Thomas Manns) trotz aller philosophischen Panzerung gefährdeten Dichterexistenz hatte ein gutes Geschick dem fürsorgerlichen Schutz der Frau Katia anvertraut, ohne den man wohl kaum auf eine so ungestörte Schaffensfähigkeit Thomas Manns zu hoffen gewagt hätte. Hinter dem anmutig spöttischen Wort, der biegsam schnellen Geistesgewandtheit des Imma-Vorbildes in ‚Königliche Hoheit' steht die zuverlässige Gradheit einer kraftvollen, tapferen Natur, ebenso hingegeben an ihre sechsfache Gebundenheit als Mutter, wie an die tausendfache als Gattin und Helferin, Schützerin und Kämpferin, musische Weggenossin und lebenstüchtige Vermittlerin mit der Welt. In den Dank an den Dichter und Freund für die Bereicherung meines Lebens schliesse ich den an Katia Mann ein, und wenn mir auch die Verse, mit denen man eigentlich diesem seltenen

Beisammen von geistiger Kraft und weltlicher Tüchtigkeit huldigen müsste, nicht zu Gebote stehen, so hoffe ich doch, dass ihr feinhöriges Ohr den latenten, begeisterten Lobgesang in meiner Prosa mit Befriedigung vernehmen möge.

Dies Selbstzitat möchte ich durch ein Münchener Erinnerungsbild ergänzen, dass mir aus der Endzeit des ersten Weltkrieges vor Augen steht: ich sehe sie auf dem Rade, mit Paketen überschwer belastet, den verschneiten Kufsteiner Platz mühsam überquerend und mich heiter grüssend. Hat das nicht einen symbolischen Sinn? Ihr ganzes Leben hindurch war sie schwer belastet und bewahrte dabei stets die ihr eigene gleichmässige, heitere Freundlichkeit. Die politischen und häuslich-wirtschaftlichen Sorgen der Kriegs- und Nachkriegsjahre, unter deren Druck unser Leben verlief, die Verantwortung für die Gesundheit und

Erziehung ihrer sechs Kinder, die Bemühungen um alles, was ‚Tommy' betraf – all diese Lasten trug sie mit jener hohen seelischen Kraft, die jede physische Anfälligkeit besiegt.

Ihre Mühe und Sorgen wechselten wohl in Form und Inhalt, aber sie trug doch täglich und jahrein, jahraus daran, und hielt dabei – wenn nicht schicksalhafte Ereignisse es unterbrachen – durchaus ihr Wesentempo ein, ein Allegretto con grazia, in dem die Rhythmen ihrer Tagesmühen geordnet verliefen. – Anwachsen der Hitlerei, Ausbruch dieser virulenten Krankheit, die ersten Jahre der Emigration – Frau Katia ging hindurch mit schwerem Herzen, aber mit hocherhobenem Kopf. Von solcher Überlegenheit zeugte auch das stets verfügbare witzige Wort. Dabei gehörte, selbst bei heftigstem Andrang der Tagesforderungen, jedem der Kinder ihre gleichmässige Fürsorge und

Zärtlichkeit. Ich weiss aus alter Zeit nur von einer einzigen Klage aus dem Kindermund der beiden Ältesten – dass sie nämlich der sechsjährigen Monika gegenüber „denn doch zu süsslich" sei. Und ausserdem, war Not am Mann, konnten all ihre Freunde, ja, die Freunde ihrer Kinder ihrer Hilfe, ihres klugen Rates stets sicher sein.

Den Wanderungen der Emigration folgte die Niederlassung in Amerika. Erst war es Princeton, wo wir uns wieder sahen, dann Pacific Palisades, wo wir neuerdings Nachbarn wurden - wenngleich nach kalifornischen Begriffen: lebt man hierzulande zwanzig Autominuten von-einander entfernt, so gilt dies als ‚just around the corner'. Unser aller Leben war ruhiger geworden, an dieser Küste. Doch hatten sämtliche Mann-Kinder inzwischen den Lebenskampf der Erwachsenen aufgenommen, und so komplizierten sich die Lasten und Sorgen der

Mutter, die aus der Ferne mitfühlend, ratend, helfend in ungezählten Briefen teilnahm.

Der Mittelpunkt aber, um den ihr Denken und Fühlen kreiste, war und blieb Tommy. Seinem Schaffen, seinem seelischen Wohl, seiner Gesundheit wie seinen weltlichen Interessen – für die er selbst kein Interesse aufbringen konnte – widmete sie ihr Bemühen. Ihr Einfühlen und tiefes Verstehen, ihre künstlerische Sensitivität und – wenn verlangt – ihr weiser Rat begleiteten dies Schaffen. Ihrerseits schuf sie derweil in aller Stille einen neuen Typus – den der ‚praktischen Idealistin'. Seelisch lebte sie mit allem, was in der Werkstatt des Dichters entstand, mit ihren weltlichen Kräften verteidigte sie Tür und Tor gegen die Störungen des Alltags. Wie erfolgreich sie dies tat, erweist der Reichtum, die Tiefe, der Einsamkeitslaut des in der Werkstatt Geschaffenen.

Liebe jüngere Altersgenossin! Ich hoffe, Du erkennst Dich in dem Schattenriss, den ich zur Feier Deines hohen Tages da zu zeichnen versucht. Wie blass mutet er mich an, verglichen mit dem lebendige Bilde vor meinem inneren Auge, dem „die Wange glüht von Jugend, die uns nie entflieht, von jenem Mut, der früher oder später den Widerstand der stumpfen Welt besiegt." Der Sieg ist Dein, ist Euer, und in bene gesta kannst Du eintreten in die neue Lebensepoche. Dir und dem teuren, hoch verehrten Freunde, Thomas Mann, meine innigsten Wünsche, jetzt und immer: Dein Bruno Walter"

Das Haus Mann war nach der Tradition beider Familien sehr gastfrei. Es kamen die Freunde der Kinder, und Katia schloss manche von ihnen mit in ihr mütterliches Herz ein. Auch Berufsgenossen und Verehrer ihres Mannes wurden bewirtet.

Manchmal kamen einzelne von ihnen und ein Bruder *Katias* mit seinem Sohn, auch der Bruder Heinrich, für Wochen zu Gast, manche sogar für Monate.

Michael Mann besuchte seine Eltern in Pacific Palisades des Öfteren. Er bringt viel Musik ins Haus. Im Sommer 1944 kommt er zu Streichquartetten ins Heim. Das wiederholte sich gewiss oft in den Jahren, in welchen die Familien in Kalifornien lebten. Sein Sohn Fridolin ist ebenfalls musikalisch begabt und erfreut seinen Grossvater zum Geburtstag am 6. Juni 1954, indem er eine gar nicht so leichte Violin-Sonate von Mozart mit seinem Vater zusammen spielt.

Im Jahr 1918 schrieb Thomas Mann in ‚Betrachtungen eines Unpolitischen' in einem für Katia gewidmeten Exemplar: „Wir haben es zusammen getragen, liebes Herz, und wer weiss, wer schwerer daran zu tragen hatte, denn zuletzt hat der immer Tätige es leichter als der nur Duldende."

Wie Ihnen, liebe Leserinnen und Leser, bekannt sein dürfte, war Thomas Mann ein sehr arbeitsamer Mensch. Exakt wie eine Uhr zog er sich von 9.00 bis 12.00 Uhr zum Schreiben in seine Werkstatt zurück. Danach Mittagessen, Mittagschlaf, Spaziergang. In ‚Meine ungeschriebenen Memoiren' lässt sich Katia auch über seine Schriftstellerei aus. Sie erzählt: „Thomas schrieb sehr langsam. Aber was er schrieb, stand dann auch fest. Er änderte so gut wie nichts. Er hat sich immer weitgehend vorbereitet. Während Heinrich wohl auch abends schrieb, tat mein Mann das nie. Das einzige, was er in seinem Leben abends und auch nach dem Genuss von etwas Alkohol geschrieben hat, ist der

,Kleiderschrank'. Sonst hat er nur vormittags gearbeitet. Er konnte nur arbeiten, wenn sein Kopf noch ganz frei war. Nach dem Tee ging er nachmittags nochmals spazieren, las und machte die Vorarbeiten, die Lektüre für seine eigene Produktion und erledigte, was er die ,Forderung des Tages' nannte. Er schrieb alles mit der Hand, und wenn er am Tag zwei Seiten schrieb, war das besonders viel."

1929 erhielt Thomas Mann den Nobelpreis für Literatur. Er nahm die Auszeichnung so dankbar wie gelassen entgegen. Während er in Stockholm im Festsaal des Grand-Hotels in seiner Dankesrede den Ruhm, den er erworben hatte, an sein Land und Volk – diesem verwundeten und vielfach unverstandenen Volk – als ein Zeichen der Weltsympathie weitergab, erklärte Heinrich Mann über Radio Berlin diesem Land die Bedeutung des

Ereignisses: „Er hat besonders deutsche, diesem Volk besonders dienliche und erwünschte Werke vollbringen wollen, und fand in sich sowohl die Liebe als den kritischen Sinn. Das Beispiel Thomas Mann zeigt, wie Liebe und Kenntnis zusammenwirken. Hier wird jemand aus einem Menschen, der vorwiegend als Erkennender begann, ein teilnehmender Mensch, ein im Geiste hilfreicher und für sein ganzes Volk wissentlich werbender Schriftsteller."

Katia fuhr zur Preisverteilung mit. „Es war doch immerhin, was man hier ‚einmalig' nennt, denn es kam nur einmal vor und war eigentlich sehr interessant. Bei der eigentlichen Feier war es natürlich sehr festlich, aber auch sehr komisch. Da sass der König in seinem Stuhl, Thronstuhl. Die Preisträger waren alle im Frack und sprachen ein paar Worte. Dann wurden sie, einer nach dem anderen, aufgerufen, mussten sich dem Thronstuhl nähern, und König Gustav übergab ihnen das Diplom. Als aber dann der französische Duc das Diplom bekam, stand der König auf und ging ihm ein paar Schritte entgegen. Das fand ich falsch.

Dann war das Diner, das Festdiner. Da war es so, dass der König nur neben Personen von Geblüt sitzen konnte; nicht etwa neben der Gattin eines Preisträgers oder irgendeinem der sonstigen Ehrengäste, sondern es mussten hochadlige Damen sein, denn es war ein grosses Diner. Da sass er also zwischen zwei ollen Morcheln, zwei Prinzessinnen. Der Tisch war sehr festlich gedeckt, ein prachtvolles Damasttischtuch lag auf, und wir assen alle von silbernen Tellern. Der König hatte jedoch auf diesem Damast ein extra Spitzendeckchen, und er speiste ganz allein von Gold. Viele Diener reichten die Speisen herum, aber hinter dem König stand sein Leibjäger, der ihn persönlich bediente. Das waren also die Sitten. Allen anderen wurde von verschiedenen Dienern serviert, aber der König musste von seinem Leibjäger bedient werden und vor seinem goldenen Teller zwischen seinen Morcheln sitzen. Es war komisch, aber es war auch alles sehr schön und festlich, und wir waren natürlich in gehobener Stimmung."

Erstaunt war ich, als ich in der Monografie von Klaus Schröter über „Heinrich Mann" las, was er in sein Oktavheft am 14. Mai 1886 schrieb: Das neue Schul-Vierteljahr – ziemlich gleichgültig, ob es im Progymnasium eines Dr. Huttenius, der ‚Kandidatenschule', oder im alten Katharineum, dem ‚grossen Gymnasium' anlief. Schrecklich wird es jedenfalls gewesen sein. Zwar fiel es Heinrich offenbar leicht, den Anforderungen nachzukommen, *und er ist auch nicht zweimal „sitzen geblieben" wie Thomas Mann,* sondern gelangte glatt bis zur Versetzung in die Oberprima; aber im ganzen fand er sich doch hart geplagt mit übertriebenen Hausaufgaben und tagtäglich einem anderen Verderben ausgesetzt. Nur die Seelenkraft unserer Jahre half uns über alles fort."

Das Urteil des Senators über seinen Ältesten, Heinrich Mann, niedergelegt in Entwürfen zu seinem Testament am 30. Juni 1891, lautet wie folgt: „Den Vormündern meiner Kinder mache ich die Einwirkung auf eine praktische Erziehung meiner Kinder zur Pflicht. Soweit sie es können, ist den Neigungen meines ältesten Sohnes zu einer so genannten literarischen Tätigkeit entgegenzutreten. Zu gründlicher, erfolgreicher Tätigkeit in dieser Richtung fehlen ihm m. E. die Vorbedingnisse, genügendes Studium und umfassende Kenntnisse. Der Hintergrund seiner Neigungen ist träumerisches Sich gehen lassen und Rücksichtslosigkeit gegen andere, vielleicht aus Mangel an Nachdenken."

Nicht abzustreiten ist hingegen, dass Heinrich Mann als Heranwachsender grössere Auseinandersetzungen mit seinem Vater zu bestehen hatte. Es war in der Tat seine Haltung in diesen Jahren, eine Mischung aus Trotz und Resignation, Auflehnung und gesuchter Überlegenheit. Sein Vater hatte grossen Argwohn gegen jedwede Kunst und Künstler. Eine Prosaarbeit fand besondere Beachtung in ‚Haltlos' vom 3. August 1890 niedergeschrieben. „Er war der Sohn (wie auch Thomas Mann) eines vermögenden Hauses; er kannte nicht die Not, kaum die Arbeit. Zum Studium ursprünglich bestimmt, hatte er dieses Ziel infolge fortgesetzten Bummelns auf dem Gymnasium aufgeben müssen. Seiner Neigung zur

Literatur folgend, versuchte er's mit dem Buchhandel. Und diese Erfahrung eines öden, abwechslungslosen Alltagslebens vernichtete den letzten schwächlichen Keim von Lebensfreudigkeit, den er aus seiner Kindheit herüberverpflanzt. Die schwarze Flut von Nörgelei und Verachtung, in die schon der Knabe geraten durch fortwährende Selbstbespiegelung, Zerlegung des eigenen Innern und Schlüsse auf die Aussenwelt, schlug über seinem Kopfe zusammen, jede Hoffnung begrabend. Er, im Ganzen also ein Mensch, der sich stets vom Leben hatte durch das Leben treiben lassen; der keinen eigenen Entschluss kannte, geschweige denn ein eigenes zielbewusstes Streben; hatte sich eingelebt in die eigene innere Verbitterung, Welt- und Ich-Verachtung. So mit einer nur ihm selbst bekannten, immer ängstlich verborgenen Innenwelt der gemeinen Alltäglichkeit als etwas Anderes, etwas ganz Fremdes gegenüberzustehen – das hatte ihm selbst geschmeichelt. Ich denke, dass Thomas Mann in dieser Hinsicht Glück gehabt hat. Denn er hat als zweitältester Bruder letztendlich einen ähnlichen beruflichen Weg bestritten.

Thomas und Heinrich Mann haben immer wieder bekannt, dass ihre Mutter mehr als ihr Vater zu ihrer künstlerischen Anlage beigetragen habe, unter anderem durch den Einschlag fremden Blutes. Ich denke, dass dies auch ein wichtiger Aspekt für die biografischen Zusammenhänge und das literarische Schaffen der Familie Mann ist. So erzählt Walter Berendsohn über die Mutter Julia Mann, dass sie am 14. August 1851 in Angra dos Reis, Brasilien, als Tochter des deutschen Plantagebesitzers Johann Ludwig Bruhns aus Lübeck und Maria Luiza da Silva, einer portugiesisch-kreolischen Brasilianerin, zur Welt gekommen und siebenjährig von einer schwarzen Amme nach Lübeck gebracht wurde. Thomas sagt über sie, er habe die *Frohnatur* und *die Lust am Fabulieren* von der Mutter geerbt. Er rühmt ihre ausserordentliche Schönheit und ihre Musikalität; seine Liebe zur Musik habe er ihrem Spiel und seine Kenntnis des deutschen Liederschatzes ihrem Gesang am Bechstein-Flügel zu verdanken. Auch in die Märchenwelt H.C. Andersens, der Brüder Grimm und Perraults hat sie ihre beiden ältesten Söhne eingeführt.

Aus der Ehe des Senators Thomas J.H. Mann mit Julia da Silva-Bruhns gingen fünf Kinder hervor: Luis Heinrich, Thomas, Julia, Carla und zwei Jahre vor dem Tod des Senators – 1890 Viktor Mann.

Klaus Schröter erzählt in der Biografie über Thomas Mann: „Als das Testament eröffnet wurde, erwies sich, in welchem Sinn der Senator das Ende der

Familie und des Geschäfts vorbedacht hatte. Ohne jede Äusserung des Unmuts stellte er fest, so jedenfalls berichtet es Viktor Mann, dass seine ältesten Söhne ihren künstlerischen Neigungen folgen würden, bedauerte nur, dass sein Jüngster noch in der Wiege läge, da solche Nachgeborenen oft recht gute wirtschaftliche Fähigkeiten hätten, verfügte mit präziser Umsicht die Liquidierung der grossen Firma und die sichere Anlage des bedeutenden Erlöses und bestimmte Erbteile, Mitgiften, Auskehrungen und Verwaltung." Als sie das Alter ihres Vaters erreicht hatten, war der Name der Söhne Thomas und Heinrich über die Grenzen ihres Landes der Welt bekannt.

Erst nach dem Tod des mit furchtsamer Zärtlichkeit geliebten Vaters wagte der Schüler mit seinen Versuchen hervorzutreten: Es scheint, als habe Thomas Mann die testamentarische Verfügung der

Firmenliquidierung von einer ängstlich erwarteten Last befreit. Er hat ausdrücklich bekannt, dass er das letzte knappe Jahr, das er nach dem Tod in Lübeck verbrachte, in heiterer Erinnerung behalten habe. Jedenfalls trauerte er dem Verkauf des Stadthauses nicht nach. 1893 folgte er der Mutter und den jüngeren Geschwistern dann nach München.

Im Oktober 1896 zog es Heinrich nach Rom. Hier begann ein Prozess geistiger Befreiung, währenddessen er sich von den beengenden neukonservativen Normen seiner Berliner und Münchner Jahre endgültig löste. Thomas Mann hatte sich Heinrich angeschlossen. Er hing seinem Bruder in voller Verehrung an, er hatte sich bisher von dessen Lesefrüchten genährt. Auch seine ersten Veröffentlichungen erfolgten in den Organen, die Heinrich sich längst schon erobert hatte, in der ‚Gesellschaft', im ‚Zwanzigsten Jahrhundert' und im ‚Simplicissimus'. Thomas nahm an diesem Umbildungsprozess teil, der sich hier vollzog: beider neuer Mentor war Nietzsche. „Hörten wir deutsch reden, so flohen wir" – eine Erinnerung Thomas' an die exklusive brüderliche Gemeinsamkeit der italienischen Zeit. Losgelöst von Konventionen, frei von Rücksichten ergingen sie sich zusammen in Hohn und Spott über eine Gesellschaft, deren Lebensverhältnisse und Kunstbetrieb sie nicht anders als grotesk zu finden begannen. Später erinnert Thomas an das ‚Bilderbuch': „Als wir jung waren, zu jener vorläufigen Zeit in Rom, sassest du während vieler Wochen täglich am Tisch und stricheltest mit deiner Zeichenfeder an einer endlosen Bilderfolge, die wir ‚Das Lebenswerk' nannten und deren eigentlicher Titel ‚Die soziale Ordnung' lautete. Diese Blätter stellten die menschliche Gesellschaft in allen ihren

Typen und Gruppen dar, vom Kaiser und Papst bis zum Lumpenproletarier und Bettler – es war nichts ausgelassen in diesem trionfo soziale Stufung, wir hatten Zeit und amüsierten uns wie wir konnten." Heinrich gelang es mit den Mitteln der Sprache, die Wirklichkeit von Kaiser, König und Prolet, Dirnen und Aristokratinnen, Jobber und Geniesser und Arbeitende festzuhalten. Gesellschaftsromane zu schreiben war sein Ziel. „Mit fünfundzwanzig Jahren sagte ich mir: Es ist notwendig, soziale Zeitromane zu schreiben. Die deutsche Gesellschaft kennt sich selbst nicht. Sie zerfällt in Schichten, die einander unbekannt sind, und die führende Klasse verschwimmt hinter Wolken."

Im Jahr 1905 stellte Heinrich Mann fest, dass sich Thomas seit den gemeinsamen Tagen in Rom und Palestrina gewandelt habe. Seit eben dem Zeitpunkt, da er sich als Freier, Bräutigam und junger Ehemann dem gross-bürgerlichen Haus der Pringsheims angenähert hatte, versagte er dem ungebundenen Kritizismus Heinrichs jede Teilnahme mit der Begründung, die all die Rücksicht, die er in seinen neuen Verhältnissen zu üben hatte, zusammenfasst: „Ich muss anerkennen, dass ich menschlich-gesellschaftlich nicht mehr frei bin ... Du nennst mich gewiss einen feigen Bürger. Aber Du hast leicht reden. Du bist absolut. Ich dagegen habe geruht, mir eine Verfassung zu geben." Der weltanschauliche Konflikt der Brüder bereitete sich damals im Persönlichen vor. Die Mutter versucht zu vermitteln. Allein, während Heinrich sich zu der Zeit bei ihr gelegentlich über das in höchstem Grade unfreundliche Benehmen seines Bruders beklagte, argwöhnte auch sie, dass von Thomas nun „allzu viel Rücksichten verlangt" würden, befürchtete von der Abhängigkeit von dem Pringsheimschen Reichtum eine Einbusse seiner

Selbständigkeit und fand ihn verändert. Das viele Geld macht doch kalt und anspruchsvoll." So blieb Heinrich nur das vertrauliche Verhältnis zur Mutter und die Liebe zu seiner Schwester Carla. Gerade ihrem Andenken ist Heinrich bis zuletzt anhänglich geblieben. Sie, die junge, sehr schöne Schauspielerin, war seine Vertraute, die einzige, die ihn damals begriff und nicht nur seinen Ehrgeiz, sondern auch seine Enttäuschungen teilte. Seine Anschauungen vom unheilbaren Zwiespalt zwischen Künstler und Gesellschaft, Kunst und Leben, erfuhr sie wie er. Und so bildete er sie ab, in dem Roman, in Novellen und nach ihrem von Heinrich nie verwundenen Freitod in dem Drama ‚Schauspielerin': Tilla Durieux spielte ihre Rolle; der Bruder sah seine Tote zurück beschworen von dort, wo sie noch lebt, das ist sein Herz.

In der Biografie „Heinrich Mann" von Klaus Schröter erzählt Heinrich, bevor er nach USA über Lissabon emigriert, „Es war Golo Mann, der zweite Sohn Thomas Manns, ein ernster junger Mann mit wenig weltlichem Eifer, viel mehr geistigem Ehrgeiz, - weshalb ich den Irrtum beging, als könnte er sich mir anschliessen. Ein unerlaubter Irrtum, wie Heinrich alsbald erkannte." Tatsächlich hat Golo Mann denn auch nach Heinrichs Tod nicht gezögert, sich unter dessen Gegner zu reihen. Er hat, mit Beweisgründen, die Thomas Manns abgelebten „Betrachtungen eines Unpolitischen" merkwürdig nahe stehen, in der simplifizierenden Formel vom „französierenden Romancier, der die Deutschen belehrte, ohne sie leiden zu können, eine Erklärung der Erscheinung Heinrich Manns zu finden geglaubt und sich zuletzt über den weltanschaulichen Widerstreit der Brüder in dem Diktum beruhigt: „Thomas Mann war ein tieferer Denker als sein

Bruder Heinrich." So weit war bisher kein Urteil vorgeschnellt. Thomas hat im Alter entgegengehalten: „Die dummen Deutschen mussten uns immer gegeneinander ausspielen und streiten, wer der ‚Eigentliche' sei. Der ‚Eigentliche' wäre wohl der Mann gewesen, den die Natur aus uns beiden hätte formen sollen."

Als Heinrich Mann in New York ankam, begrüssten ihn Thomas und Katia zusammen mit Hermann Kesten – sie fanden ihn um Jahre gealtert. Heinrich Mann erhielt einen Jahresvertrag von Metro-Goldwyn-Mayer und Warner Brothers als scriptwriter für jährlich sechstausend Dollar, und dies bei einer täglichen Arbeitszeit von acht Stunden. Als das Jahr um war, hatte Heinrich grosse Geldsorgen. Seine Frau Nelly musste Geld verdienen. Auch hier zeigte sich Thomas Mann sehr grosszügig und schickte den beiden einen monatlichen Scheck.

Walter Berendsohn schreibt in dem Kapitel über die Gebrüder Mann, dass Katia Mann ihm bestätigt hätte, dass sie selbst zeitlebens sich nicht mit Heinrich Mann geduzt hätte. Er hat ja durchaus nicht „des Lebens ernstes Führen" vom Vater übernommen, sondern war lange ein echter Bohemien. Die Frauen, mit denen er zusammenlebte, unverheiratet oder verheiratet, mögen viel zu der Haltung von Katia beigetragen haben. Trotzdem hat sie mir gegenüber ausgesprochen, dass Heinrich seinen jüngeren Bruder wirklich liebte, während Thomas ihm gegenüber immer eine gewisse Distanz wahrte. Auch in ihrer Fernsehsendung über Thomas Mann 1970 sagte sie, dass Heinrich der bei weitem liebendere Teil war. Sie fügte hinzu, dass bei Thomas immer ‚ein bitterer

Rest' aus der Frühzeit zurückblieb. Er hat ja immer äusserst positiv über alle Bücher von Heinrich geschrieben, aber irgendwie waren sie ihm auch fremd. In ihrem Beitrag zur Fernsehsendung anlässlich des 100. Geburtstags von Heinrich Mann 1971 betont Katia Mann noch einmal, dass ihr Gatte die Bitterkeit aus den früheren Zwistigkeiten der zwei Jahrzehnte 1901-1921 nie ganz überwunden hat.

In der Biografie von „Heinrich Mann" von Klaus Schröter berichtet er davon, dass Heinrich Mann am 12. August 1914 Maria (Mimi) Kanova, eine Schauspielerin aus Prag, geheiratet hat. Thomas Mann lehnte Trauzeugenschaft und Teilnahme an dieser Hochzeit ab – eine erste schroffe Absage des Jüngeren, noch bevor die im letzten Jahrzehnt angewachsene Entfremdung der Brüder sich als unüberbrückbarer weltanschaulicher Gegensatz in öffentlichen Äusserungen manifestierte. Der Ausgangspunkt war beider Verhältnis zur Gesellschaft. Thomas Mann hatte sich nach der Jahrhundertwende mit Überzeugung als Bürger jenes Reiches etabliert, das Heinrich Mann in seinen Grundfesten angriff. Die politische Wendung seines Denkens war von Thomas mit wenig mehr als einem Achselzucken beobachtet worden: … „seltsam interessant für mich, immer noch ein bisschen unwahrscheinlich ist die Entwicklung Deiner Weltanschauung zum Liberalismus… Du musst Dich wohl ganz ungeahnt jung und stark damit fühlen." Verständnis oder auch nur Verständniswilligkeit waren gehindert durch jene ‚Verfassung', die ihn menschlich-gesellschaftlich nicht mehr frei liess und die gebunden war an die Lebensformen der Grossbourgeoisie: „Du bist allein und hast keine vier Kinder, keine vier Dienstboten, kein Landhaus, keine 5'000-Mark-Wohnung in der

Stadt, und bei einigem guten Willen hätte es Dir ein leichtes sein müssen, Deine Schuld bis heute grösstenteils zu tilgen."

Im November 1914 trat Thomas Mann in seinen ,Gedanken im Kriege' mit einem chauvinistischen Bekenntnis nicht nur zur Nation, sondern auch zu deren Staatsform, unserm sozialen Kaisertum, hervor; er bejahte, er verherrlichte den Krieg mit den irrationalen Argumenten von der ,deutschen Seele' und ihrer ,Kultur'. Eine so treffende Bestätigung seiner vormaligen Diagnose hatte Heinrich Mann nicht vorausgesehen. Das Verhalten des Bruders, übereinstimmend mit dem letzten Geschrei berauschter Massen, verletzte ihn tief.

René Schickele arbeitete für eine Verständigung der Krieg führenden Völker gemeinsam mit Carl Sternheim, Franz Werfel, Johannes R. Becher,

Walter Hasenclever und Stefan Zweig. Heinrich Mann war ihr grösster Verbündeter. Sein ,Zola-Essay', im Bilde von Leben und Werk des Franzosen ein unschwer aufzuschlüsselndes autobiografisches Bekenntnis, wurde zum bedeutendsten ,J'accuse' gegen den imperialistischen Krieg, und mehr als das, er stellte Heinrich Manns gesellschafts-politisches Credo zu einem Zeitpunkt dar, da in Deutschland die Machtideologien der Gründerzeit ihre zweite und äusserste Verwirklichung zu finden schienen. Auch Thomas Mann bediente sich ihrer, am deutlichsten in seiner Studie ,Friedrich und die grosse Koalition', in der er, Dezember 1914, den völkerrechtswidrigen Einfall der Deutschen in das neutrale Belgien unter einer verhängnisvoll dynamischen Rechtsvorstellung gut hiess: indem er ,Recht' als ,eine Konvention', als ,Urteil der Majorität', als ,Stimme der Menschheit' überhaupt ablehnte und nur das ,Recht der aufsteigenden

Macht' gelten liess. Heinrich Mann erkannte sogleich, dass in diesem Satz die letzte Konsequenz aus dem nationalen Machtstaatsgedanken des 19. Jahrhunderts gezogen war. Er antwortete im ‚Zola-Essay': „Aber was ist Macht, wenn sie nicht Recht ist, das tiefste Recht, wurzelnd in dem Gewissen erfüllter Pflicht, erkämpfter Ideale, erhöhten Menschentums. Ein Reich, das einzig auf Gewalt bestanden hat und nicht auf Freiheit, Gerechtigkeit und Wahrheit, ein Reich, in dem nur befohlen und gehorcht, verdient und ausgebeutet, des Menschen aber nie geachtet ward, kann nicht siegen."

Eine Versöhnung, die Heinrich Mann zu Ende des Jahres 1917 brieflich anbot, verwarf Thomas. Sich auf die ‚Betrachtungen', an denen er schrieb, berufend, antwortete er: „Ich habe aber nicht zwei Jahre lang gelitten und gerungen, meine liebsten Pläne vernachlässigt, mich zum künstlerischen Verstummen verurteilt, mich erforscht, mich verglichen und behauptet, um Dir auf diesen in keiner Zeile von etwas anderem als sittlicher Geborgenheit und Selbstgerechtigkeit diktierten Brief hin schluchzend an die Brust zu sinken."

In einem Entwurf ‚Nicht abgeschickt' bezeichnet Heinrich die Ausweglosigkeit der Lage. Welche Ereignisse waren noch nötig, den Bruder zu belehren – Revolution, Errichtung der Republik, rechtsextremistischer Terror. Nicht eher als nach weiteren vier Jahren war Thomas Mann bereit, die Einsichten des Älteren zu bedenken. Noch einmal, wie schon in der Jugend, wurde er der Nehmende. Sein Aufstieg zu humaner und politischer Liberalität vollzog sich in der Angleichung an die bürgerlich-demokratischen Prinzipien, die Heinrich Mann damals gegen ihn und seine Nation verteidigt hatte.

Erst in höheren Jahren war Thomas gewillt, die fortschrittlichen Positionen Heinrichs anzuerkennen, ja zu übernehmen. Eine Annäherung zwischen den Brüdern schien möglich. Eine überraschende, lebensgefährliche Erkrankung Heinrichs, die notwendige Operation einer schweren Blinddarm- und Bauchfellkomplikation im Januar 1922, bot den Anlass. Die Versöhnung geschah am Krankenbett. Ein gemeinsamer Aufenthalt an der Ostsee erprobte das neue Verhältnis, von dem Thomas damals jedoch kaum mehr als einen ‚modus vivendi menschlich-anständiger Art' erwartete. Eigentliche Freundschaft ist kaum denkbar." Erst das Alter brachte sie, zusammen mit einem willigeren Verständnis für des Bruders Art, zu sein und zu wirken.

Nachdem Nelly Mann, die zweite Frau Heinrichs, nach mehreren Selbstmordversuchen 1944 freiwillig aus dem Leben geschieden war, wurde der Verkehr mit Heinrich Mann sehr viel lebhafter als vorher. Katia Mann nannte Nelly Mann „ein verderbliches Stück" und der Mitemigrantin Thea Sternheim blieb ihre „Rauf- und Sauflust" in Erinnerung. Die Verbindung der ehemaligen Berliner Bardame mit dem grossbürgerlichen Schriftsteller Heinrich Mann war nicht nur in den Augen des jüngeren Bruders und Nobelpreisträgers eine Mesailliance. „Heinrich in Tränen um die ruinöse Gefährtin", notierte Thomas Mann ins Tagebuch. Belustigt oder peinlich berührt buchte man die füllige Blondine aus einfachsten Verhältnissen als erotische Schwäche des alten Heinrich Mann ab: Der brauchte halt seinen blauen Engel.

Erschütternd sind die Briefe, die sich in der Memorial Library des Mitemigranten Lion

Feuchtwanger in Los Angeles fanden. Nellys Klagen und Anklagen während der wiederholten Entzugskuren schmerzen. „Hast Du vergessen, dass Du mich so unglücklich und ohne Papiere gemacht und von meinen Eltern gelockt hast?" will sie von Heinrich wissen: „Jeden Morgen wundere ich mich, dass ich noch nicht wahnsinnig bin." Heinrich antwortet: „Du glaubst nicht, wie ich Dich lieb habe und an Dir hänge. Beim Fortsein merke ich es." Am 9. September 1939 heiraten Heinrich Mann und Nelly Kröger. Ein kurzes Hoch. Doch der Weltkrieg, wachsende Geldprobleme, die Flucht ins völlig fremde, ungeliebte Amerika vertiefen bald das Unglück. Nelly trinkt, schluckt Tabletten, fährt im Rausch zwei Autos zu Schrott. Erneut Entzug, wechselseitige Vorwürfe, wieder Eclats und die Drohung mit Trennung. Dabei sind Heinrich und Nelly Mann längst heillos ineinander verstrickt.

Einziger Trost im menschlich frostigen Kalifornien: „Wenigstens die Sonne haben wir immer und umsonst."

Mehr als einmal werden die Möbel gepfändet, Schulden drücken, das FBI überwacht. Nelly träumt von einer Hühnerfarm, tippt Heinrichs neues, erfolgloses Buch ‚Lidice', jobbt in einer Wäscherei, als Pflegerin im Spital, fährt Milch aus. Im Juni 1943 empfängt man noch einmal gross im gepfändeten Mobiliar. Thomas Mann feiert seinen 68. Geburtstag. Katia Mann berichtet Sohn Klaus, „eine etwas melancholische Feier" sei es gewesen, aber Nelly zeigte sich von ihrer dezentesten Seite und spendete ausserdem aufmerksamer Weise einen prächtigen Kalbsbraten und zwei Pfund Speck (offenbar treibt sie es mit dem Metzger), und es verlief ganz würdig." Katia Mann erzählte später, dass Heinrich Mann den Rest des Tages bei uns verbrachte, und es versteht sich, dass der Verkehr mit ihm nach der Einbusse, die er erlitten, nur inniger wurde. Holten wir ihn mit einer gewissen Regelmässigkeit zu uns, so verbrachten wir manchen Abend auch in seiner im ferneren Beverly Hills gelegenen Wohnung, der er treu geblieben war, und er las uns bei solchen Gelegenheiten wohl aus dem genialisch-phantastischen, überall und nirgends spielenden Roman ,Empfang bei der Welt', der damals unter den Händen des unermüdlichen Arbeiters entstand, eine geisterhafte Maskerade, ein unlokalisiertes, soziales Generationenspiel von grösster Originalität vor. Frau Katia holte ihn oft mit ihrem Auto ins Haus. Als er in der letzten Zeit alt und krank wurde, pflegte sie ihn in seiner Wohnung wie ein eigenes Kind, so berichtete sie es jedenfalls gegenüber Berendsohn.

Am 2. Dezember 1936, mit der 7. Ausbürgerungs-liste im „Reichsanzeiger" antwortete Deutschland auf Thomas Manns Bekenntnis mit Emigration: der Akt schloss den Verlust der Staatsbürgerschaft und die Beschlagnahme des Besitzes ein (nur wenige Möbel, darunter Thomas Manns Schreibtisch, sein Vorlesesessel aus Lübecker Erbbesitz, einige Bücher waren durch eine Hausangestellte, Marie Kurz, rechtzeitig an die Adresse René Schickeles in Badenweiler und von diesem weiter in die Schweiz befördert worden). Doch bereits am 18. August hatte Thomas Mann die tschechoslowakische Staatsbürgerschaft – die ihm auf Wunsch des Präsidenten Benes Anfang August, wenige Stunden vor der österreichischen, durch Vermittlung Rudolf Fleischmanns angeboten worden war – erhalten; im Januar 1937 nahm er selbst die ‚Heimatrechtzusage' seiner neuen Gemeinde für sich, seine Frau Katia, Sohn Golo und die noch minderjährigen Kinder Elisabeth und Michael in Prosek entgegen. Den kurz darauf folgenden Entzug seines Dr. phil. h. c. durch den Dekan der Philosophischen Fakultät der Bonner Universität, Karl Justus Obenauer, betrachtete er als schickliche Gelegenheit zu einem knappen persönlichen Bekenntnis der Trennung und Absage von dem menschenverderberischen Regime, das auf Deutschland lag. In diesem offenen Brief fand Thomas Mann die (schon 1933 in einem Schreiben an Albert Einstein vorgeprägte) viel zitierte Wendung: Er sei weit eher zum Repräsentanten geboren als zum Märtyrer. Der Briefwechsel mit Bonn war kaum veröffentlicht – er kam in Übersetzungen in fast allen europäischen Sprachen heraus, gelangte sogar in Tarnausgaben unter dem Titel „Briefe deutscher Klassiker, Wege zum Wissen" nach Deutschland -, als ein ungeheures Echo der Zustimmung wie der Ablehnung in

Thomas Manns Äusserung die bedeutendste anerkannte, die seit 1933 gegen Nazi-Deutschland erhoben worden war.

Während einer Lecture-tour durch fünfzehn Hauptstädte der Nordstaaten der USA wurde die Übersiedlung nach den USA beschlossen. Die Verbindung zu der Neuen Welt war seit der ersten Amerikareise Thomas Manns, 1934, stets enger geworden. 1935 hatte ihn die Harvard University, zusammen mit seinem späteren Hausnachbarn in Princeton, Albert Einstein, zum Doctor of Letters ehrenhalber promoviert. Roosevelt hatte auf die Wahl seinen Einfluss ausgeübt und anschliessend Thomas Mann und seine Frau Katia – ohne Beanspruchung des deutschen Botschafters natürlich – als private Gäste zu sich ins Weisse Haus gebeten. Es war nicht die letzte Begegnung mit dem grossen Staatsmann; aber es war eine entscheidende, zur Zeit seiner tiefsten Niedergeschlagenheit, da sich in Deutschland eine Revolution nie gesehener Art: ohne Idee, gegen die Idee, gegen alles Höhere, Bessere, Anständige, gegen Freiheit, Wahrheit, Recht dauerhaft und ohne den Widerspruch der europäischen Demokratien einzurichten schien, empfing Thomas Mann die Ermutigung, die ihn aufrichtete, dass der mächtigste Mann der Welt sein Verbündeter im Kampf gegen Hitler-Deutschland sein würde.

Zum 70. Geburtstag 1945 schreibt Erika an ihren Vater Thomas Mann: „Uns ist wohl, wo wir sind. Und wo sind wir? Im ‚Niddenhaus' auf der kurischen Nehrung? Der Gedanke läge nahe, gäbe es da nicht diesen deutschen Gefangenen und seinen Bericht. Auch unser Häuschen hat man unkenntlich gemacht. Es ist viel stattlicher jetzt als früher, prächtig ausgebaut. Trotzdem stand das

Ganze meist leer. Der Herr – ein munterer Jägersmann und hinter unsern Elchen drein – war anderweitig beschäftigt. Er hätte Zeit, jetzt, wenn freilich nicht mehr viel. Sein Name? Hermann Göring.

Nein, es ist klar, wir sind, wo wir bleiben werden, zuhause, in Pacific Palisades. Der Weg war sehr lang. Als wir aufbrachen, stand das Unwetter, das über Deutschland niedergegangen war, schwarz und drohend am Himmel Europas. Hätte es sich früher entladen, es hätte den Sintflut-Charakter nicht anzunehmen brauchen, der ihm schliesslich bestimmt war. Dass wir dies wussten – wir und wer immer von dort kam und kein Dummkopf war – und die Möglichkeit nicht hatten, unser Wissen nutzbar zu machen, war das eigentlich Schlimme. Wir haben – Du, Lieber, hast vor allem – das Mögliche zu tun versucht. Wie viele Leben haben wir gemeinsam gekannt, seit es ein Ende hatte mit dem alten? Das Leben in Sanary, das in Küsnacht und das auf den Lecture-Podien, in den Hotels und den Schnellzügen der Vereinigten Saaten; das in Princeton auch und schliesslich das, was nur eben erst begonnen, das Leben im neuen Haus. Die Luft, die uns umgab und die bis zum Ausbruch des Krieges unatembarer wurde mit jeder Stunde, ist sehr viel reiner geworden, seither. Und wenn sie gewiss noch das Verschiedenste zu wünschen übrig lässt, so ist es eben dies, was ich Dir wünsche: Eine Welt, in der es sich lohnt, achtzig zu werden. Leb wohl und sei umarmt. Sehr die Deine: Erika" (Aus'Aufbau' vom 08. Juni 1945)

Als Erika wieder nach Europa zurückkehrte, berichtete sie ihrem Vater aus Luxemburg: „wie sie die vorläufig dort verwahrten abzuurteilenden Nazi-Oberen in ihrem Hotel-Gefängnis visitiert habe".

71

Die Aufregung der gestürzten Schreckensmänner, als sie erfahren hatten, wer die amerikanische Besucherin gewesen sei, hatte sich in vielen Abstufungen von wildem Abscheu bis zum Ausdruck des Bedauerns geäussert, darüber, nicht ein vernünftiges Wort mit ihr geredet zu haben. „Ich hätte ihr alles erklärt!" hatte Göring gerufen. „Der Fall Mann ist falsch behandelt worden. Ich hätte es anders gemacht."

Können wir uns heute überhaupt noch vorstellen, was für Aufgaben, Pflichten und häuslich-wirtschaftliche Sorgen auf Katia schon in jungen Jahren zukamen? Sie hielt Besucher während seiner Arbeit ab, mahnte die Kinder, erzog sie in den jungen Jahren vorwiegend allein. Sie tippte viele seiner handgeschriebenen Manuskripte ab, lernte sogar in späteren Jahren noch Stenografie, verhandelte mit den Verlegern – und das für eine

Frau in der damaligen Zeit recht geschickt -. Verwaltete die Gelder, arbeitete die Steuererklärungen aus, übernahm einen Grossteil seines anschwellenden Briefwechsels, chauffierte ihn im Auto herum, pflegte ihn. Denn wie berichtet wird, war er sehr sensibel, nervös und magenleidend. Nicht zu vergessen, es war eine wild bewegte Zeit, die tief in das Schicksal der Familie eingriff. Denken wir nur an die zwei Weltkriege, für Katia und Thomas Mann gab es neben Sorgen und Leiden vor allem den Verlust der Heimat, der ganzen Habe.

Besonders denke ich dabei an die vielen Manuskripte, Bücher und Briefe, die sie in München zurücklassen mussten. Reisen in das Unbekannte, Wechsel der Staatsbürgerschaft, Emigration in die Schweiz.

Zuerst lebten sie dort in Küsnacht am Zürichsee an der Schiedhaldenstrasse 33, und zwar von 1933 bis 1938. Am ersten Weihnachtstag 1935 schreibt Thomas Mann in sein Tagebuch: „Gegen neun Uhr auf, nach etwas unruhiger Nacht. Mit Katia am grossen, sehr wohl bestellten Frühstückstisch. Danach meine Seite geschrieben. – Föhn, Sonne, warm, märzartig. Mit Katia über Itschnach, langsam, im angeschmolzenen Schnee (…)". Die Schiedhaldenstrasse grenzte damals an das Naherholungsgebiet. Die lachsfarbene Villa im englischen Landhausstil, mächtige alte Buchen stehen im Garten, sie hatte es ihnen angetan. Am Eingangstor finden wir heute noch eine Tafel, die an ihren berühmtesten Bewohner erinnert: „Hier lebte Thomas Mann und arbeitete an seiner Tetralogie Joseph und seine Brüder". Zu seinem 50. Todestag hat die Gemeinde ihm einen „Thomas-Mann-Weg" gewidmet und ihn damit geehrt.

1933 begab sich Thomas Mann mit Frau Katia auf eine Vortragsreise und danach in den Winterurlaub nach Arosa. Von dieser Reise kehrten sie nicht mehr nach München zurück, da er sich weigerte, gegenüber der national-sozialistischen Regierung eine Treueerklärung abzugeben. Die Familie entschloss sich aus Sicherheitsgründen, Deutschland den Rücken zu kehren und übersiedelte an die Goldküste.

Im Verhältnis zu der grossbürgerlichen Villa in München war das Haus in Küsnacht eher bescheiden. Aber die Manns waren glücklich, und Thomas hatte ein grosses Arbeitszimmer und ein eigenes Bad. Aus München liess er die ersehnten Möbel und Kisten kommen, die dem neuen Arbeitszimmer die vertraute Atmosphäre verliehen. Das wichtigste für ihn war der berühmte Mahagoni-Schreibtisch, der dem grossen Dichter Zeit seines

Lebens nachreisen wird, in die USA und wieder zurück in die Schweiz. Meistens streifte Thomas mit Katia und dem Hund Toby durch Wälder und Felder, etwa „um den Weiher". Katia ging mit den zwei Jüngsten oft in Läden oder ins Freibad, und offenbar war sie dort nicht zu überhören, jedenfalls geht dies aus der Katia-Mann-Biografie hervor. Sie pflegten in Küsnacht ein reges, gesellschaftliches Leben und eine illustre Gästeschar ging in ihrem Haus ein und aus. Thomas nahm die Gelegenheit wahr, aus dem in Entstehen begriffenen Werk vorzulesen.

Dann ging es nach Amerika: erste Station Princeton, später Pacific Palisades in Kalifornien.

Eine kleine Episode will ich den Leserinnen und Lesern nicht vorenthalten. Im Sommer 1939 flogen Katia und Thomas zum Kongress des PEN-Clubs nach Stockholm, der dann aber nicht mehr stattfand. Sie erzählt: „Von Malmö flogen wir über Amsterdam nach London zurück. Es war kurz nach Ausbruch des Krieges, ein grässlicher Flug. Wir flogen auffallend niedrig. Das irritierte mich, und ich fragte die Stewardess nach dem Grund. Nazideutschland hat uns über sein Gebiet nur zu fliegen erlaubt, wenn wir ganz niedrig fliegen. Gestern haben sie uns den Flug sogar zu verlangsamen gezwungen und haben aus der Nähe durch alle Fenster geschaut, um auszukundschaften, wer im Flugzeug sitzt. So, so ist das. Dann habe ich zu meinem Mann gesagt: Ich würde auch gern einmal am Fenster sitzen. Sagte er: Ich sitze doch immer am Fenster. Aber es ist für mich doch auch einmal ganz interessant. Nun, unwillig hat er mir den Fensterplatz eingeräumt." Am nächsten Tag wurde jemand auf dem gleichen Flug von einem Flieger der deutschen Luftwaffe durchs Fenster erschossen. Wahrscheinlich hatten sie den

Mann für Thomas Mann gehalten, denn sein Stockholmer Aufenthalt und seine Heimreise in die USA waren den Nazis natürlich bekannt.

Am 26. November 1939 schreibt Thomas Mann an seinen Bruder Heinrich: „Ja, auch wir haben Hochzeit gehabt. Medi, gemeint ist Elisabeth Mann, hat ihren antifaschistischen Professor geheiratet, der mit seinen 57 Jahren nicht mehr daran gedacht hätte, so viel Jugend zu gewinnen, aber das Kind wollte es und hat es durchgesetzt." Sie hat zwei Töchter zur Welt gebracht. Angelica und Domenica. Sie lebten zusammen in Chicago, aber zwischen ihrem Heim und dem der Eltern in Pacific Palisades gab es oft Besuche.

1947 kehrte die Familie Borgese nach Italien zurück, wo sie in Florenz-Fiesole ihr Heim gründete. Borgese starb 1952, 70-jährig. Ihre beiden Töchter haben sich den Naturwissenschaften zugewandt. Die ältere hat ihren Doktor in theoretischer Physik gemacht, ist mit einem italienischen Physiker, Marcello Colloci, verheiratet, hat zwei Kinder und wohnt im Haus der Mutter in Florenz. Die jüngere ist dabei, ihren Doktor in Zell-Biologie am Rockefeller Institute in New York zu erwerben. Das ist ja ein neuer Einschlag in den Leistungen der Nachkommenschaft Thomas Manns.

In Amerika wiederholte Thomas Mann immer wieder den Wunsch, dass er seinen Lebensabend in der Schweiz, nach der er Heimweh verspürte, zu verbringen. Und 1952 kehrten sie dann für immer in die Schweiz zurück, weil Thomas Mann sehr enttäuscht war über die neuen Verhältnisse dort während der McCarthy-Zeit und getrieben vom dem Wunsch, wieder in Europa zu leben. Am 29. Juni fliegt er mit seiner Frau Katia von New York über Amsterdam nach Zürich. Im Oktober besucht der Vater mit Erika seit 1933 zum ersten Mal wieder Deutschland, beginnend in München, und hält dann dort und in Frankfurt Vorträge.

Wieder heisst es: an den Neuaufbau eines Heimes denken. Dies fanden Katia und Thomas in Kilchberg am Zürichsee an der alten Landstrasse 39. Er war angetan von seinem letzten Domizil mit Blick auf die Goldküste. Über den Kauf schreibt Thomas im Brief vom 27. Januar 1954: „Erika wird den Umzug in der Hauptsache leiten, wozu sie nach unseren Eindrücken in Arosa Kräfte gesammelt hat. Es geht ihr ganz entschieden besser und wir haben unsere Freude an der, die sie bei der Arbeit an den Kinderbüchern hat, die sie schreibt. Sie tut es mit viel Grazie und Humor und steht bei dem Münchner Verlag, für den sie arbeitet, in einem hohen, auf dem geschäftlichen Erfolg beruhenden Ansehen." Aus Arosa, wo die Eltern mit Erika zusammen sind, schreibt Thomas Mann an Hans Reisiger am 22. Januar 1955: „Die Schiller-Schrift ist also fertig. Es sind einige 80 Schreibseiten, und eine weitere Aufgabe, nicht die leichteste, ist nun, aus all dem Geschriebenen die Rede heraus zu präparieren. Das wird vornehmlich Erikas Geschäft sein, die sehr geschickt ist in literarischer Regie. Sie hat mir auch den Tschechow-Vortrag zurechtgemacht, den ich neulich für BBC auf Englisch gehalten habe. Da die Schiller-Rede ja auf einer Platte bewahrt ist, kann jeder sich davon überzeugen, wie glücklich Erika diese schwierige Aufgabe gelöst hat, aus einem breiten, schwerfälligen Essay, eine ergreifende, beschwingte und am Schluss politisch stark mahnende Ansprache herauszulösen!"

Erika Mann berichtet am 8. Mai 1955, wie sie in „Das letzte Jahr" den Vortrag ihres Vaters im grossen Haus des Stuttgarter Landestheaters erlebte, an der auch Katia anwesend war. Sie stand in den linken Seitenvorhängen: „Spannung, Hingabe, Ergriffenheit. Nichts davon war freilich zu denken, ohne dass vor allem der Vortragende sich in Ergriffenheit hingegeben hätte. Was immer er investiert hatte in diese Arbeit, nun holte er es wieder heraus: wissende Liebe, gerührte Zuneigung und eine Erkenntnis, ehrfürchtig und tief genug, um sie in unbeschönigter Treue erstehen zu lassen, die Gestalt dessen, der vor 150 Jahren eingegangen war in die Heimat seiner Unsterblichkeit:

"Nur der Körper eignet jenen Mächten,
Die das dunkle Schicksal flechten; Aber frei
von jeder Zeitgewalt, Die Gespielin seliger
Naturen, Wandelt oben in des Lichtes Fluren
Göttlich unter Göttern die Gestalt."

Unsere Rede, - ich konnte sie auswendig, Wort für Wort – und hörte doch zu, nicht weniger inständig als die Menge dort unten. Kaum je, schien mir, hatte der ‚Zauberer' so gesprochen, kaum je so haargenau die Mitte gefunden, in der Erleben und Gestalten eins werden, ein Ganzes, dessen Geburt man beizuwohnen meint.

Genug! Oder gar schon zu viel! Zu sagen bleibt, dass mit der Schillerrede T.M. stärker zu wirken vermochte als irgend zuvor mit einer persönlichen Kundgebung. Wie ein Mann erhob sich am Ende die Zuhörerschaft von ihren Sitzen. Unbekannte, die am Radio gefolgt waren, gestanden später in Briefen, sie hätten beim Hören geweint."

Thomas Mann wollte auch zu den Deutschen in Weimar unter der kommunistischen Diktatur sprechen. Deswegen stattete er 1955 auch dem

Bundespräsidenten Theodor Heuss einen Besuch ab. Er erzählte unter anderem: „In Stuttgart hatte sich ein Ausschluss für die Schiller-Feier gebildet. Die Herren kamen zu Heuss und fragten ihn, ob Thomas Mann ein geeigneter Festredner wäre. Er erwiderte, ein besserer wäre nicht zu finden. Nach einiger Zeit kamen sie von neuem und baten den Bundespräsidenten, bei dieser nationalen Feier doch wenigstens vor Thomas Mann auch einige Worte zu sagen. Thomas Mann kürzte bereitwillig seine Rede, um Raum für diese Ansprache zu schaffen. Alles schien geordnet; aber die Herren kamen zum dritten Mal und klagten darüber, dass Thomas Mann nun seinen Vortrag auch in Weimar halten wolle, das sei doch unerhört. Theodor Heuss erklärte ihnen, dass er nur durch seine amtliche Stellung verhindert sei, sich an die unterdrückten Brüder in Ostdeutschland zu wenden, er billige den Entschluss Thomas Manns, der damals wegen dieser Vortragsreise stark angefeindet wurde." Dass er auch gegenüber dem Herrn über Ostdeutschland, Walter Ulbricht, ein offenes Wort wagte, beweist der in der Zeitung ‚Die Welt', Hamburg, am 13. Juni 1963 von Alfred Kantorowiez veröffentlichte Brief Thomas Manns vom Juli 1951, 228 Schreibmaschinenzeilen lang, in dem er um Gnade für mehr als 3'000 im April und Mai zu 15 bis 25 Jahren oder gar lebenslänglichen Zuchthausstrafen verurteilten Menschen bat.

In den Jahren des ersten Weltkrieges radelte Katia mit dem Velo zu Bauernhöfen, um irgendwelche Nahrungsmittel für die grosse Familie aufzutreiben. Katia sagt selber: „Ich habe es nicht leicht gehabt. Als das sechste Kind geboren war, ging sie aufs Amt und sagte: „Wir brauchen jetzt keine Zwangsmieter aufzunehmen, wir haben noch ein kleines Baby." Da sagte der Beamte: „Dazu hatten Sie kein Recht!" –

Was mag wohl in dieser Frau vorgegangen sein, wenn man bedenkt, dass sie zwischendurch noch auf der Lunge erkrankte und mehrmals in Davos kuren musste. Thomas Manns Roman „Der Zauberberg" wäre vielleicht nicht entstanden, wenn Katia ihm nicht makabre Schilderungen ihres eigenen Sanatoriumsaufenthalts erzählt hätte.

Trotz allem meisterte sie ihre Rolle in der bewegten politischen Zeit mit einer Energie und Widerstandswillen, die man aus heutiger Sicht nur bewundern kann. Der Selbstmord ihres Sohnes Klaus im Jahr 1949 erschütterte sie über die Massen, weil er von frühester Kindheit an stark an seine Mutter gebunden war.

Klaus Mann schreibt in seiner Charakteristik der Mutter u.a.: „Das ganze Haus kam zu ihr – jeder mit seinen Sorgen, Hoffnungen und Beschwerden. Was Mutter trieb und leistete, nicht nur von neun bis zwölf, sondern den ganzen Tag und jeden Tag aufs Neue, hatte wohl gleichfalls mit Zauberei zu tun… Sie lässt nicht nach, sie scheint unerschöpflich, diese vom Herzen inspirierte, von innigem Gefühl gespeiste Energie. Lebensgefährtin eines schwierig-schöpferischen Mannes." An anderer Stelle heisst es: „Ihre Pflichten sind ohne Zahl; zahllos die Opfer, die sie bringen muss. Pflichten und Opfer scheinen ihr selbstverständlich. Dafür bin ich da! Nur für andere da, denkt sie kaum an sich selber: Wozu auch? Ich bin nicht so wichtig. Kein zweites Mitglied der Familie ist so anspruchslos. Was wäre aus uns geworden, was würde aus dem schwierig-schöpferischen Mann und den sechs nicht ganz einfachen Kindern geworden sein, wenn unermüdliche Liebesenergie den kleinen Kreis nicht hütete und wärmte." Ich meine, diesem Lebensbericht – seiner Mutter und seiner Schwester Erika gewidmet – ist nichts mehr hinzuzufügen. Setzt es der Mutter doch das wohlverdiente Denkmal!

Als die Manns mit Erika im Mai wegen eines Vortrags von Thomas über „Goethe und die Demokratie" einen Vortrag halten wollte, erhielten sie am 21. Mai 1949 die schockierende Nachricht, dass sich Klaus Mann in Cannes das Leben genommen hatte. Am 2. Juli schreibt Thomas Mann an Alfred Neumann: „wir waren seelisch vorerst völlig mattgesetzt. Es ist sehr, sehr bitter, und namentlich Erika, die den Weggenossen verloren hat, tut mir unendlich leid. Er hätte es ihr nicht antun dürfen... Wir wollten erst alles hinwerfen und nach Hause fahren, fanden es dann aber, im Einverständnis mit Erika, besser, aktiv zu bleiben und dem Leben das Seine zu geben. So führe ich meine bindendsten Verpflichtungen durch, und nur alles Gesellschaftliche fällt seit Stockholm weg.

Erika beschloss, bei uns zu bleiben." Bei der Totenfeier in Cannes spielte übrigens Michael Mann. Thomas Mann schreibt auf Bitten von Otto Basler einen Nachruf für die National-Zeitung: „Erika ist von dort schon zurück, nachdem sie den Stein bestellt, mit dem Lukas-Vers, den er liebte: ‚Wer sein Leben verliert, der wird es gewinnen' auf Englisch!"

Erika Mann schilderte die Zweisamkeit ihrer Eltern sehr schön: "die Eltern, immer im Gespräch und so froh und angeregt, wie zwei Vertraute, die sich nach längerer Trennung gewaltig viel zu sagen haben. Aber so war es von je: sie haben sich, diese beiden, während der über fünfzig Jahre ihres gemeinsamen Lebens nicht einen Augenblick miteinander gelangweilt." Kann man seinen Eltern ein schöneres Kompliment machen?

Wie viele Male begleitete Katia ihren Mann auf seinen Vortragsreisen. Walter A. Berendsohn schildert in seinem Buch „Thomas Mann und die Seinen", das er „Frau Katia Mann in Verehrung gewidmet hat", dass die Vortragskunst des fast 80jährigen am hinreissendsten in der Schiller Rede zur Geltung kam. Katia war mit Fug und Recht stolz auf ihren Mann. Sie selbst zeigte sich allen repräsentativen Pflichten an der Seite ihres weltberühmten Mannes durchaus gewachsen. Niemand konnte sich dem Eindruck dieser geistig regen Persönlichkeit entziehen. Sie war dem grossen Mann wirklich ebenbürtig. Der Menschenkreis, in dem sie sich zeit ihres Lebens bewegte, war noch internationaler und bedeutsamer als der, den Katia in jungen Jahren in dem Palais ihrer Eltern erlebte.

Als sie ihn als Lebensgefährten wählte, stieg sie wirklich nicht herab, sondern stieg empor zu einer gesellschaftlichen Stellung, wie sie nur wenige Frauen erreichen. Ich will hier nur einige bekannte Namen aus den Künstlerkreisen nennen, mit denen sie freundschaftlich verbunden war: An erster Stelle ist wohl Bruno Walter zu nennen, der ihr zu ihrem 70. Geburtstag einen langen, faszinierenden Brief, er spricht von einem Schattenriss, den ich bereits voll umfänglich in meiner Biografie aufgeführt habe, aus dem Jahr 1953, geschrieben hat. Des weiteren Namen wie Albert Einstein, Gerhart Hauptmann, Hermann Hesse, Hugo von Hofmannsthal, Bruno Frank, Gustav Mahler, Furtwängler, Schnitzler, Josef Ponten, Lion Feuchtwanger und viele mehr. Annette Kolb, Therese Giehse, Alma Mahler-Werfel sind Frauen, die zu der damaligen Zeit schon ziemlich emanzipiert und besonders freundschaftlich mit Katia verbunden waren.

Katia erzählt in ihren Memoiren auch über Begegnungen mit Gerhart Hauptmann. Auf Thomas Mann hätte Hauptmann einen grossen Eindruck durch seine sonderbare, etwas undeutliche Art gemacht. Er brachte die Sachen nicht ganz heraus, die er sagen wollte. Aber er war eine Persönlichkeit. Hauptmann war gleich überaus zutunlich und nett zu mir. Wir gingen einmal paarweise nach Hause. Mein Mann ging mit Margarete, Hauptmanns Frau, und er mit mir, und war da etwas zudringlich, sagte aber nachher zu meinem Mann: „Wissen Sie, wenn ich mit Ihrer Frau gehe – das hat mich so aufgeregt."

„Als Hauptmann siebzig Jahre alt wurde, hat er diesen Geburtstag ein Jahr lang von Stadt zu Stadt gefeiert, und eines Tages war eben auch München an der Reihe. Wir hatten erst ein Essen in kleinem Kreise, Max Halbe, seine Frau und wir nahmen daran teil. Der Champagner floss in Strömen, und Hauptmann war im besten Zuge. Da passierte es, dass er um ein Haar mit meinem Mann Brüderschaft getrunken hätte, denn er fing an: Also, Herr Mann – ich meine – wir beide, wir sind doch – wir sind doch Brüder, da könnte man doch – nicht wahr? Kurzum: genug!

Er hat es nicht zu Ende gesagt. Aber da war er prächtig. Sie haben sich nicht geduzt."

Der Zufall führte beide noch einmal in Zürich zusammen, aber es bestand auf beiden Seiten kein Bedürfnis nach einem Treffen. In einem Geschäft, dem ‚London House' in der Zürcher Bahnhofstrasse, probierte mein Mann im oberen Stock einen Anzug, als der Verkäufer kam und fragte: „Wissen Sie, wer unten ist? Herr Gerhart Hauptmann. Möchten Sie ihn sehen?" Mein Mann sagte: „Ach, da wollen wir vielleicht doch etwas andere Zeiten erwarten." Worauf der Verkäufer ihm erwiderte: „Genau das hat Hauptmann auch gesagt."

Sein Tod ist meinem Mann trotzdem nahe gegangen.

Als Thomas Mann mit seiner Frau 1953 das Rom seiner Jugendjahre wieder besuchte, waren sie von Pius XII. in Privataudienz empfangen worden. In den unvollendeten Bekenntnissen ist es bei der voraus weisenden Andeutung geblieben: Dort beugt man sogar das Knie, was mir grossen Genuss bereiten würde, und sagt ‚Votre Sainteté.'

Es waren Werk und Leben eines alten Mannes, die sich in wiederholender Erinnerung und wacher Tagesaufmerksamkeit dem Ende zuneigten. Mit Goethe teilte Thomas Mann die Erfahrung des

„Lange leben, heisst viele überleben." Den Tod seines ältesten Sohnes, des jüngeren Bruders Viktor und Heinrichs, des grossen Eigenbrötlers, das Hinsterben der Freunde im Exil: Bruno Franks, Werfels, Beer-Hofmanns, hatte er überdauert – recht übrig, allein, traurig und müde. Und dennoch, er war überlaufen, überschüttet, überfordert von Ansprüchen, denen er nachkam, unermüdlich die vormittäglichen Arbeitsstunden und nachmittäglichen Zeiten der Korrespondenz einhaltend: nur dass er seit jener tief greifenden Operation nicht mehr am Schreibtisch, sondern in die Ecke eines Sofas gelehnt sass, mit einem Brett, als Schreibunterlage vor sich.

Der im Ruhm dem Zweifel an und für sich nicht abgesagt und gerade dem Zweifel an Sinn und Wert des künstlerischen Tuns in seinem schönsten Aufsatz, über Anton Tschechow, den Rang intellektueller Redlichkeit zugesprochen hat: ihm stellt sich aus allen eher depressiven Stimmungen – die Katia Mann in den Monaten des Hocherfolgs der Bekenntnisse, Ende 1954, Freunden gegenüber erwähnte – immer wieder die Lust her, unvermittelt zu verlocken und zu gefallen. Vom Virtuosen und Schauspieler habe ich nun einmal etwas in mir, ein Wort des Achtundsiebzigjährigen. Ihm lag daran, Heiterkeit anzustimmen – das tiefer gegründete Lachen ist das Beste in der Welt. Die ihm zuhörten und die äusserste Genauigkeit des Vortrags, die Anmut des Redespiels, die höchste Disziplinierung jeden Lauts vernahmen, mochten in aller Erheiterung über den höheren Jokus erkennen, dass Wohlklang und Meisterschaft des Worts untrennbar eins waren mit der vollkommenen Klarheit des Gedachten. So gekonnt formuliert es Klaus Schröter in seiner „Thomas Mann-Biografie".

Ein Jahr nur lebten Katia und Thomas Mann noch gemeinsam in Kilchberg am Zürichsee. 1955 fand ihre goldene Hochzeit statt. Am 6. Juni der achtzigste Geburtstag von Thomas Mann. Als der Sommer zu Ende ging, starb T.M. Nach dem Tod Thomas Manns übergaben die Erben seinen literarischen Nachlass der ETH Zürich, die 1956 das Thomas-Mann-Archiv gründete, in dem das letzte Arbeitszimmer minutiös nachgebildet wurde.

1955, das letzte Jahr: ...es wird turbulent, schrieb Thomas Mann im Januar: Im Mai kommen die rednerischen Schillerfeiern in Stuttgart, München, Weimar, auch in der Schweiz, und gleich danach geht es los mit meinem Achtzigsten, zu welchem, wie es schon aussieht, alles geschehen wird, damit ich ja nicht viel älter werde." Das ganze Deutschland nahm Thomas Manns Huldigung an

Schiller mit einhelliger Beistimmung, ja Ergriffenheit auf. In Holland dekorierte ihn das Königshaus mit einem hohen Orden. In Kilchberg stellte sich der Schweizerische Bundespräsident Max Petitpierre zur Feier des Geburtstags ein. Amerikanische Freunde waren herübergekommen.

Das geistige Frankreich legte eine von Martin Flinker, Paris, veranstaltete ‚Hommage' vor, in deren tabula gratulatoria die alten Staatsmänner Vincent Auriol, Edouard Herriot und, in deren Gefolge, Sartre, Camus, Honegger, Milhaud, Marc Chagall, Pablo Picasso wie auch der Haut-Couturier Pierre Balmain sich unter anderen eingetragen hatten.

Erika hat erwähnt, wie unter allem festlichen Andrang Thomas Mann der Sorge um den politischen Frieden der Welt die letzten Anstrengungen gewidmet hat, einer Sorge, die ihn am Schluss der Schiller-Rede zu dem nachdrücklichen Aufruf *zur Liebe, zum Frieden, zu rettender Ehrfurcht des Menschen vor sich selbst bewog.*

Ein Erholungsaufenthalt in Noordwijk war begonnen. Dort erkrankte er am 20. Juli an einer Thrombose. Am 23. wurde er nach Zürich geflogen. Katia war an seiner Seite. Hier wurde die ärztliche Behandlung im Kantonspital fortgeführt. Sie blieb ergebnislos. Thomas Mann starb am 12. August 1955 abends, kurz nachdem er eingeschlafen war, an den Folgen einer Arteriosklerose.

Niemand hatte den Tod des Achtzigjährigen erwartet. Seine geistige Frische war ihm ungemindert erhalten geblieben, und künstlerische Pläne lagen bereit – an Ideen würde es mir nicht fehlen, und wenn ich 120 würde, hatte er mit siebenundsiebzig Jahren geäussert. Er meinte, er werde dies alles nicht mehr ausführen können, das sah er voraus und fand, es sei schade um die Pläne. *Denn wer kann es sonst?*

Gottfried Benn schreibt an Erna Pinner nach Thomas Manns Ableben: „Nun ist der grosse Thomas tot, er schwebte ja seit Jahrzehnten als grosser alter Erzengel über uns allen, die wir ja zum grössten Teil Putten und Amoretten geblieben sind."

Seine Witwe Katia überlebte ihren Mann um ein Vierteljahrhundert. Vielleicht wundern wir uns, wenn wir da lesen, dass sie stolz, doch durchaus legitim, auf ihre Briefbogen drucken liess: Frau Thomas Mann. Ohne sie wäre er nicht der geworden, den wir kennen. Nach seinem Tode ist sie nicht müde geworden, die geschäftlichen Dinge mit Verlegern weiterzuführen. Golo Mann erzählt, wir haben unsere Mutter beredet, etwas mehr an die Öffentlichkeit zu treten, aber sie hat sich immer geweigert. Katia bemerkt dazu: *„Ich wollte nur sagen: ich habe in meinem Leben nie tun können, was ich hätte tun wollen."* Golo darauf: „Aber nach unseres Vaters Tod hättest Du ja ein wenig mehr hervortreten können." Aber sie wollte es einfach nicht tun. Noch in den letzten Jahren hat sie zwei Fernsehsendungen über Thomas Mann gemacht. Und nach vielen vergeblichen Versuchen ist es Elisabeth Plessen und Michael Mann in Katias 90. Lebensjahr doch noch gelungen, der alten Dame ihre Lebensgeschichte in Form von Interviews zu entlocken.

In den Jahren 1955 bis ca. 1960 hat Katia einen regen Verkehr mit Kindern und Enkelkindern aufrechterhalten. Die beiden Söhne ihres jüngsten Sohns Michael, Frido, (geb. 31. Juli 1940) und Toni (geb. 20. Juli 1942), sind, während des Wanderlebens ihres Vaters als Musiker, ins Haus der Grossmutter etwa fünf Jahre aufgenommen worden und haben also bei ihr entscheidende Jugendjahre verbracht.

Berendsohn vergleicht Katia Mann mit Frauen wie Rahel von Varnhagen und Caroline, die mit Schlegel und Schelling verheiratet waren, aufgrund ihrer grossen lebendigen, geistigen Bedeutung und Wirkung. Auch sie haben keine Bücher veröffentlicht.

Im Jahr 1985 hatte ich Gelegenheit, Golo Mann anlässlich eines Vortrages im Seehof, Hornweg 28, dem früheren und heutigen H.C. Jung-Institut, in Küsnacht kennen zu lernen. Da ich seit 1979 mit meiner Familie in Küsnacht wohne, habe ich mich natürlich besonders mit der Geschichte der

„Manns" während ihres Schweizer Aufenthalts auseinandergesetzt. Golo Mann erzählte aus seinem Elternhaus, von seinen Jugendjahren in einem französischen Internat und seiner schriftstellerischen Tätigkeit. Er zeigte sich oftmals von seiner humorigen Art, aber auch ein gewisser Pessimismus trat immer wieder auf. Ich meinte in seiner Rhetorik zu spüren, dass sein Vater auch Jahrzehnte nach seinem Tod für Golo noch wie ein „Übervater" fungierte. Es war für ihn und seine Geschwister sicher nicht leicht, immer im Schatten dieses Dichterfürsten zu leben.

Seit 1959 lebte und arbeitete Golo Mann im Hause seiner Mutter, sodass sie nicht ganz einsam ist und an ihm Hilfe und Stütze hat. Er starb 1994. Und er ist der einzige der Manns, der nicht in dem grossen Familiengrab beigesetzt werden wollte. In der deutschen Geschichtswissenschaft und politischen

Publizistik ist Golo Mann ein Phänomen. Er war der beim Publikum erfolgreichste Historiker und über längere Zeit hinweg vielleicht der einflussreichste politische Kommentator. Er unterstützte so unterschiedliche Persönlichkeiten wie Willy Brandt und Franz Josef Strauss. Seine beiden Hauptwerke, die ‚Deutsche Geschichte des 19. und 20. Jahrhunderts' (1959) und die grosse Biografie ‚Wallenstein' (1971) wurden über Jahrzehnte hinweg verkauft und waren während Jahren Bestseller.

Als drittes Kind von Thomas und Katia konnte er auf Manns Ruhm aufbauen. Er emigrierte 1933 und kehrte erst 1958 endgültig nach Europa zurück. Der Schweizer Historiker Urs Bitterli sagt über ihn: „er sei ein Konservativer und ein Moralist, dessen Auffassungen ganz wesentlich durch die Zeit der Emigration geprägt waren. Er lehnte den

Marxismus rigoros ab, war aber auf der anderen Seite von Anfang an entschieden für einen Ausgleich mit dem Osten, für eine Anerkennung der Teilung Deutschlands und der neuen Grenzen. Bitterli weist in seiner Biografie über Golo Mann auch auf seine Melancholie, individuelle Moral, skeptische Grundhaltung und besonders darauf hin, dass für ihn die Sprache alles andere als eine Nebensache darstellt. Der Respekt zeigt sich schon in Äusserlichkeiten. So ist nie von Mann oder von Golo, sondern stets nur von Golo Mann die Rede. Nur zu gern hätte ich noch persönlich erfahren, wie Golo Mann sich zur Wiedervereinigung im November 1989 geäussert hätte?

Im Jahr 2003 veröffentlichte die SonntagsZeitung, Zürich, in ihrer Rubrik „Kultur" einen Artikel über „Das Zubehör des Zauberers". Nach dem Mann-Boom ist vor dem Mann-Boom: Es erscheinen zwei

Biografien ‚Frau Thomas Mann'. Die eine stammt von dem Tübinger Akademiker-Paar Inge und Walter Jens. Die andere von den Profi-Biografinnen Kirsten Jüngling und Brigitte Rossbeck. Sie setzen sich hierbei mit Frau Katia Mann nach Thomas' Tod im Jahr 1955 auseinander. Diese letzten 25 Jahre in Kilchberg bezeichnen sie als ihr „Nach-Leben". Jens erwähnen dabei auch, dass sie nicht recht warm mit den Zürchern geworden wäre, die sie als „fremdenunfreundlich und engherzig" empfand. In Elisabeth Plessens Interview hat Katia Mann jedenfalls nicht solche Äusserungen von sich gegeben.

Am 8. Februar 2002 starb die jüngste Tochter Elisabeth Mann Borgese im Alter von 83 Jahren an einer schweren Erkältung während ihrer Skiferien in St. Moritz. „Ihr Kampf für die Meere war ein Kampf für die Menschen. Wir werden ihren Enthusiasmus und ihre Herzlichkeit vermissen." Diesen Text entnehme ich der Todesanzeige ihrer Anverwandten. An dieser Abdankung in der Reformierten Kirche in Kilchberg war ich auch zugegen. Sie wurde dortselbst im Familiengrab ihrer Eltern beigesetzt. Thomas Lieblingsenkel Frido begrüsste bei dem anschliessenden Abdankungs-Apéro alle Gäste überfreundlich, und er war sehr gerührt, dass einige Professoren und Meeresbiologen aus Berlin angereist waren.

In einem Artikel von Michael Meier im Tages-Anzeiger vom 14. Oktober 2009 meint Frido Mann: „Fast ein Leben lang auf die Rolle des Lieblingsenkels von Thomas Mann fixiert, beteuert er, den Familienballast über Bord geworfen zu haben. Ich arbeite an einem Libretto, das hat bisher kein Mann gemacht." Es geht in dem Werk um die Sintflut und den ökologischen Sündenfall unserer

Tage, in das er Texte aus Bibel, Koran und Midrasch, aber auch von Franz von Assisi, Gandhi und Dalai Lama verwebt. Die Uraufführung war in Vilnius, 2010 folgt eine Tournee durch Südamerika.

Das Sintflutdrama deutet an, was den 70-Jährigen heute umtreibt: „Theologisch-religiöse Fragen, freilich nicht gebunden an eine Konfession, sondern religionsübergreifend." Frido Mann sitzt im Kuratorium von Weltethos Schweiz. Im Gegensatz zu Hans Küng teilt er dessen Optimismus nicht: „Ich sehe wenig Chancen für einen fruchtbaren Dialog der Religionen. Die klassischen Religionen sind dogmatisch verhärtet, verrechtlicht und verhaftet in einem veralteten vorkopernikanischen Weltbild, das ganz auf den Menschen ausgerichtet ist."
Frido Mann ist als einziger seiner Familie Katholik, aber gerade aus dieser Kirche ausgetreten. Die Aussöhnung des deutschen Papstes mit den

antisemitischen Pius-Bischöfen bewog ihn zu diesem „überfälligen Schritt." Mann erzählt, „in jungen Jahren, eben Pianist und Dirigent geworden, hatte er auf dem Weg über den gefrorenen Zürichsee zum Haus seiner Grosseltern in Kilchberg ein Erweckungserlebnis in Form einer Eisvision. Der Spross aus protestantisch-jüdischer Familie beschloss, katholische Theologie zu studieren. Die Konversion war für den areligiös erzogenen Frido freilich auch Protest gegen die Familie und deren Agnostizismus. In Florenz liess er sich taufen, in Einsiedeln firmen.

Frido sagt heute über seine Grosseltern: „Sie waren religiöser, als sie das je preisgegeben hätten." Der Enkel Frido verbrachte die letzte gemeinsame Weihnacht mit seinen Grosseltern in Kilchberg. Sie hätten aber auch dazumal nie über religiöse Dinge geredet. Nur in seinen späten Schriften hätte

Thomas Mann verraten, wie wichtig ihm die Religion geworden sei. Wie im Essay „Das Gesetz" und „Doktor Faustus", in der Frido Mann als Vorlage für das charismatische Wunderkind Nepomuk Schneidwein diente. Abgesehen von den Spätwerken habe er literarisch mit seinem Grossvater nicht mehr viel gemein. Nur vorübergehend sei er in die Rolle des Nachlassverwalters reingefallen. Wichtig sind für ihn die persönlichen Erinnerungen, und die Dankbarkeit allen vier Grosseltern gegenüber. Heute würde er in Frieden mit Thomas Mann, mehr als mit seinen Eltern, leben, die ihre Söhne immer wieder bei den Grosseltern oder in Internaten platziert hätten.

Die berufliche Odyssee spiegelt für ihn aber auch ein Muster der Familie Mann, die auf der Suche nach humanistischen Werten (end-)gültige

Antworten immer als Ideologien entlarvte. So hat Frido nichts im ersten Anlauf gefunden. Sogar seine Frau Christine Heisenberg, Tochter des Physikers und Nobelpreisträgers Werner Heisenberg, heiratete er zweimal.

In den 80-er Jahren endlich wechselte er zur Schriftstellerei. Und wurde, Romane schreibend, ein MANN. Ich habe mich selber vereinnahmt, sagt er. Erst mit seiner Autobiografie „Achterbahn" hat er sich vom Druck der Familie frei geschrieben zu verstehen gegeben, wie mühsam es ist, immer als Trophäe herumgereicht zu werden. „Enkel als Beruf, das ist vorbei." Er sagt: „Speziell seitdem ich weiss, dass es jetzt wieder in Richtung religiöser Suche geht. Seither bin ich viel ruhiger geworden."

Elisabeth war auch noch im Alter von 80 Jahren eine sehr engagierte Meeresbiologin und hatte auch in den USA und Europa noch viele Pläne.

Heinrich Breloer sagte nach ihrem plötzlichen Tod: „Man hätte gedacht, dass sie noch etwas länger bleiben würde."

In den Aufnahmen des im Dezember 2001 ausgestrahlten Fernsehfilms „Die Manns" wirkte sie wie ein Bild frischesten Lebens, fröhlich, manchmal kichernd, aufgeweckt und unprätentiös. Und jetzt ist sie nicht mehr. In ‚Die Weltwoche' vom 14. Februar 2002 schreibt Philipp Tingler: „Die kleine Lisa inspirierte ihren Vater zur Versidylle ‚Gesang vom Kindchen'. Das war 1919. Später nannte man sie zu Hause „Medi" oder, nach dem Tode ihres Ehemanns, des Historikers und Literaturwissenschaftlers Giuseppe Antonio Borgese, die kleine Witwe. Der Ton war bekanntlich nicht zimperlich in dieser Familie, in diesem Elternhaus, dessen Ansprüche einen „entweder zermalmen oder aber auch sehr anregen" konnten, wie die kleine Witwe feststellte."

Elisabeth hat ein bewegtes, interessantes Leben geführt. Sie ging mit ihren Eltern 1933 über Südfrankreich in die Schweiz und später in die Vereinigten Staaten ins Exil. Dort liess sie sich zur Pianistin ausbilden, studierte Soziologie und verfasste neben wissenschaftlichen Werken Theaterstücke und Erzählungen. Sie wirkte mit bei der Gründung des Club of Rome und der Ausarbeitung der Uno-Seerechtskonvention.

In erster Linie hat man sich für Elisabeth Mann interessiert, weil sie die Tochter ihres berühmten Vaters war. Das trug sie mit Fassung. Auch gerade, als sie die Letzte war, immer bedrängt von allen, die in die Nähe der Familie wollten. Sie gab freundlich Auskunft, mit wacher Erinnerung, milde und oft heiter. Denn ihr Vater war ein Meister der

Repräsentation, und sie wusste, was sie ihm schuldig war. Elisabeth hat zu Protokoll gegeben, dass auch sie, ein Lieblingskind, sich eigentlich nie richtig mit dem Vater unterhalten hätte oder bloss einmal, und da war sie betrunken.

Im ‚Gesang vom Kindchen' 1919 beschwört Thomas Mann die Zeit der ersten Begegnung mit Katia herauf an der Wiege des Töchterchens Elisabeth:

"Als ich im goldenen Saal des Mädchenbildes gewahr ward Ihrer, die nun dein Mütterchen, schlicht vertraut durch die Zeit mir Längst, doch damals Prinzessin des Ostens. Es fiel ihr das schwarze Golden gekränzte Haar auf die elfenbeinernen Schultern, Welche kindlich gebildet und anders als die unsrer Frauen, Schultern von Flötenspielerinnen, Schultern des Niltals, Und auf das rote Gewand. Das fremde, *ernste Gesichtchen Zeigte die Blässe der*

Perlen, und dunkel fliessende Sprache

Führte darin ein Augenpaar, vorherrschend

an Grösse...

Märchenosten ‚Traum vom Morgenland'...''

Von ihrer Schwester Erika erzählte Elisabeth, diese habe beim Sterben einen seltsamen Gesichtsausdruck gehabt. Erika habe ausgesehen, als hätte sie irgendwo antreten müssen. Tingler führt weiter aus: "Ich selbst bin Elisabeth Mann nur zweimal begegnet, kannte sie also sozusagen überhaupt nicht. Aber ich vermute, dass sie entspannter in den Himmel ging als ihre älteste Schwester."

In ihrer Klugheit, Tapferkeit und heldenhaften Geduld könnte man Katia Mann heute zu den Frauen zählen, denen Deutschland und die Schweiz viel zu verdanken haben. Ich denke dabei an

Schriftstellerfrauen wie Christiane Goethe, Charlotte Schiller und Emilie Fontane. Erst vor kurzem wurde der Roman von Sofja Tolstaja „Eine Frage der Schuld" mit einer ‚Kurzen Autobiografie der Gräfin Sofja Andrejewna Tolstaja' veröffentlicht. Das Buch erschien im Manesse Verlag, Zürich, Deutsche Ausgabe 2009. Obwohl Tolstois Ehefrau bereits 1919 verstarb, machten ihre Nachkommen erst fünfundsiebzig Jahre nach Sofjas Tod in ihrem Nachlass einen Sensationsfund.

In „Eine Frage der Schuld" geht es um die fatale Entfremdung zwischen Eheleuten. Im Gegensatz zur frauen- und lustfeindlichen ‚Kreutzersonate' Tolstois, als dessen Gegenstück Tolstajas kleiner Roman angelegt ist, erfahren hier beide Seiten Gerechtigkeit. Auch bei Sofja handelt es sich um eine hochbegabte Frau im Schatten eines hochbegabten Mannes. Dem Angebeteten zuliebe leisten sie Verzicht, werden im besten Fall zu Musen, im schlechtesten zu Haushälterinnen. Sie war ihrem Mann, vergleichbar mit Katia Mann, über Jahrzehnte treue Gefährtin, verständige Erstleserin und Kritikerin seiner Werke, Schreibkraft, „Ehefrau im althergebrachten Sinne" (nach Tolstois eigenem Bekunden) und nicht zuletzt Mutter von dreizehn gemeinsamen Kindern.

Man könnte sich zu guter Letzt fragen, was macht eine Dichtergattin aus? Ihr Stil. Kann man es besser sagen, als im Vorwort zu „Katias ungeschriebenen Memoiren"?

„Ich habe tatsächlich mein ganzes, allzu langes Leben immer im strikt Privaten gehalten. Nie bin ich hervorgetreten, ich fand, das ziemte sich nicht. Ich sollte immer meine Erinnerungen schreiben. Dazu sage ich: in dieser Familie muss es ‚einen'

Menschen geben, der nicht schreibt. Dass ich mich jetzt auf dieses Interview einlasse, ist ausschliesslich meiner Schwäche und Gutmütigkeit zuzuschreiben." (1970)

Und in ihrem unverkennbar, unverwechselbaren Ton endet Katia: „Psst! Der alte Fontane hat gesagt: Solange man lebt, muss man leben, und das versuche ich jetzt auf meine Art."

Katia Mann verstarb am 25. April 1980 in Kilchberg bei Zürich im Alter von fast 97 Jahren.

Anmerkung:

Was mich an Katia Manns Interview besonders be- und gerührt hat, ist, dass sie am Ende ihrer ‚ungeschriebenen Memoiren' ein Zitat von Theodor Fontane wählt. Denn Fontane ist auch einer meiner Lieblingsschriftsteller, noch dazu, da er ein überzeugter Hugenotte war. Und wie mein Mädchenname verrät, stamme ich väterlicherseits auch von einer (französischen) Hugenotten-Familie ab.

DANK

Herzlich danken möchte ich Frau Dr. Kathrin Bedenig vom Thomas-Mann-Archiv der ETH Zürich für ihre Betreuung für meine „Katia Mann"-Biografie. Des weiteren Frau Katrin Keller, Archivarin des Thomas-Mann-Archivs, für die Genehmigung der Verwendung des Fotos von Katia Mann aus dem Jahr 1905.

Herrn Roland Spahr, Lektor Literatur der S. Fischer Verlage, D-60596 Frankfurt am Main, für die Beratung. Und last but not least danke ich ganz herzlich meinem Neffen und Vertrauten, Andreas Hölder, für dessen anspruchsvolle Betreuung, im Besonderen für die Verbindung zum Hamburger Verlag, und als Partner für seine kritischen Anmerkungen.

Küsnacht, 31. März 2016

Helga I. Jungo-Fallier

Literaturhinweise/Quellennachweise

Seite 6   Berendsohn, Walter A., „Thomas Mann und die
                 Seinen", A. Francke Verlag Bern, Ausgabe 1973,
                 Seite 133
Seite 7-8   KATIA MANN „Meine ungeschriebenen
                 Memoiren", Büchergilde Gutenberg, Printed in
                 Germany, 1976, S. 41 ff.
Seite 9   Frau Thomas Mann, „Das Leben der Katharina
                 Pringsheim" von JENS, INGE UND WALTER,
                 Rowohlt Verlag, Reinbek bei Hamburg 2003
Seite 10   Mann, Katia, S. 48
Seite 11   Berendsohn, Walter A., S. 129
Seite 15-16   Biografie von Schröter, Klaus, THOMAS MANN,
                 Rowohlt Taschenbuch Verlag GmbH, Reinbek bei
                 Hamburg, April 1964, S. 76-77
Seite 17   Berendsohn, Walter A., S. 130
Seite 17-18   Mann, Katia, S. 52
Seite 20   Behendsohn, Walter A., S. 132
Seite 21-22   Berendsohn, Walter A., S. 132 -133
Seite 23-24   Berendsohn, Walter A., S. 135-136
Seite 25-34   Walter, Bruno,"Gruss an Katia", S. 137-139
Seite 35   Mann, Thomas „Betrachtungen eines
                 Unpolitischen", 1918
Seite 36-37   Mann, Katia, S. 113.
Seite 38-40   Mann, Katia, S. 90-91
Seite 40-44   Biografie von Schröter, Klaus, HEINRICH MANN,
                 Rowohlt Verlag GmbH, Reinbek bei Hamburg,
                 Januar 1967, S. 19
Seite 44-45   Berendsohn, Walter A., S. 11
Seite 45-47   Schröter, Klaus, THOMAS MANN, S. 25-26

Seite 47-49   Schröter, Klaus, HEINRICH MANN, S. 39-40
Seite 94-51   Berendsohn, Walter A., S. 79-80
Seite 52-53   Schröter, Klaus, HEINRICH MANN, S. 140-141
Seite 54-55   Berendsohn, Walter A., S.49
Seite 55-57   Schröter, Klaus, HEINRICH MANN, S.79-80
Seite 57-59   Schröter, Klaus, HEINRICH MANN, S. 82-83
Seite 59-60   Schröter, Klaus, HEINRICH MANN, S.84-85
Seite 60-61   Schröter, Klaus, HEINRICH MANN, S. 106
Seite 61-63   Schröter, Klaus, HEINRICH MANN, S. 148
Seite 64-65   Berendsohn, Walter A., S. 51
Seite 66-68   Schröter, Klaus, THOMAS MANN, S. 111
Seite 68-69   Berendsohn, Walter A.., S. 144-145
Seite 69-72   Berendsohn, Walter A., S. 153-155
Seite 74-76   Nüesch, Katharina, Verlag NZZ, Artikel aus
                 Kulturteil des Tages-Anzeiger vom 07.01.2009
Seite 76-78   Mann, Katia, S. 145-146
Seite 78-79   Berendsohn, Walter. A.., S. 309
Seite 80   Berendsohn, Walter A., S.162
Seite 81   Berendsohn, Walter A.., S. 164
Seite 81-83   Berendsohn, Walter. A.., S.164-165
Seite 83-85   Berendsohn, Walter. A.., S. 114
Seite 85-86   Mann, Katia, S. 64
Seite 86-87   Berendsohn, Walter A., S. 185-186
Seite 89-90   Berendsohn, Walter A., S. 135
Seite 92   Mann, Katia, S. 72
Seite 92-93   Mann, Katia, S. 73
Seite 93-94   Mann, Katia, S. 74
Seite 94   Schröter, Klaus, THOMAS MANN, S. 149
Seite 94-96   Schröter, Klaus, THOMAS MANN, S..149-150
Seite 97-99   Schröter, Klaus, THOMS MANN, S. 150,153,155
Seite 100-101   Mann, Katia, S. 192
Seite 102   Berendsohn, Walter A., S. 137

Zeitfracht Medien GmbH
Ferdinand-Jühlke-Straße 7
99095 Erfurt, Deutschland
produktsicherheit@kolibri360.de